改訂新版

発達障害の子どもたちの進路と多様な可能性

「学びづらい」「学びにくい」
中学生・高校生の未来を考える

明蓬館高等学校校長兼
アットマーク国際高等学校理事長
日野公三

WAVE出版

はじめに

「今あるものから選ぶ」ことだけでなく、「今ないものを共につくる」。

障害者は、People with special needsと呼ばれます。スペシャルニーズを持つ子どもたちの未来には、これまでになかったものを含めた選択肢が広がっていくべきだと私は考えています。過去や前例、着実思考では先細りになるばかりです。

支援の向こうには、「選択肢の多様化」があります。時代の進歩、発展に伴って職業が次々になくなる時代になり、職業、職域、新しいスキルを創造することがますます重要になってきました。その重要性をお話ししたくて、この本を世に問いたいと思いました。

本書が障害を家族が背負う社会から、できるだけ大勢の人の多様な支援と伴走により、本人と家族が自立していける社会へと、移り変わっていくための一助となれば幸いです。

第1章 発達障害は特別なことではない 11

第2章　障害を持つ子どもを取り巻く教育の現状　39

第5章 「学びにくい」とは何なのか ～発達の課題を持つ人の高校の選択肢 117

装丁……………幅雅臣
編集協力………近藤由美

発達症、神経発達症（発達障害）の用語について

発達症は、DSM-5（精神疾患の診断・統計マニュアル1）で採用された用語です。DSMは、アメリカ精神医学会が出版する精神疾患の診断基準・統計マニュアルで、DSM-5は、その第5版を意味する最新のマニュアルです。発達症は、注意欠如・多動症、自閉スペクトラム症、学習症が代表的な疾患です。

神経発達症と呼ぶ場合は、背景に神経系の発達の不具合があると想定されている一群の疾患を指します。知的能力障害、自閉スペクトラム症、注意欠如・多動症、コミュニケーション症群、限局性学習症、チック症群、発達性協調運動症、常同運動症など、発達症よりも広い範囲をとらえています。

本書では、従来の「発達障害」という用語を用いています。発達障害者支援法など、法令などでは、依然としてこの名称が一般的であるためです。同法では、「自閉症、アスペルガー症候群その他の広汎性発達障害、学習障害、注意欠陥多動性障害その他これに類する脳機能の障害であってその症状が通常低年齢において発現するものとして政令で定めるもの」と定義されています。読者の皆さまのご理解をお願いいたします。（著者）

第1章　発達障害は特別なことではない

さかなクンのお母さんの口癖は「命まで取られるわけじゃない」

最近、有名人や著名人が、自分が発達障害であることを、どんどん告白するようになってきています。

有名な人では、たとえば、黒柳徹子、片岡鶴太郎、栗原類、市川拓司（小説家）、柳家花緑さんらがいます。

さかなクンについては、自閉症スペクトラムの中のアスペルガー症候群の傾向が見られます。小学生の頃、タコの絵を見たのをきっかけに、魚に興味を持ち、ＴＶチャンピオンという番組の「全国魚通選手権」で5連覇を果たし、世に知られるようになりました。特定のことに固執した結果、その分野で大成することも多いので、天才性、奇才性を伴うアスペルガー症候群と見られるのです。さかなクンについて、最近、次のような文章に出会いました。

私がお魚に興味をもったのは小学2年生のときでした。友達が描いたタコの絵を見て、「こんな不思議な生き物がいるんだなあ」とものすっギョく興味を持ちました。そこからタコを夢中で調べたり、お魚屋さんや水族館でタコを見て夢中になりました。

母に感謝しています。毎日のようにタコをお魚屋さんで買ってくれました。そしてタコの姿をじっくり見て絵を描きました。タコの料理を作ってとお願いすると、ぶつ切りとか、たこのバター焼きなど一ヶ月ぐらいずっと作ってくれました。フライパンにバターを入れて溶けてきたときに、塩・コショウをふりかけたタコのぶつ切りにしたのを入れて、フライパンで炒めるだけなんですが、それを我が家ではタコのバター焼きと呼んでいました。タコがだんだんピンク色になってきて、すごく美味しそうなんです。（「NEWSポストセブン」二〇一三年五月六日　取材・文＝神田憲行）

別のエピソードも紹介しましょう。

タコ、イカ、フグと好きなお魚が増えるに従い、図鑑を読み漁りました。お母さんは週に二回は鮮魚店に行き、切り身でなく、魚を一匹丸ごと買ったそうです。

生きているタコをどうしても見たくなったさかなクンは、日曜日に水族館に連れて行ってもらいます。閉館まで、タコの前から動かないさかなクンに、お母さんはいろいろなお魚が載っている下敷きを買ってくれました。

「こんな魚もいたんだ！」と興味がわき、そこから魚と魚の絵にハマっていきました。成績は急降下し、授業中も魚の絵を描くようになりました。見るに見かねた担任の教師が、個人面談の時、こう勧めました。

「お宅のお子さんは、そんなに絵が好きなのなら、絵の先生について勉強したらどうですか？」

その時、お母さんは、何と答えたと思いますか？

「絵の先生に習ったら、先生のクセがついてしまいます。好きなように描いて欲しいんです。だから、先生にはつきません」

はっきり、そう言ったそうです。

そんなお母さんの口癖が、これです。

「命まで取られるわけじゃないんだから」

現在のさかなクンは、お母さんの愛情と信頼に支えられて、できあがったのですね。

他のエピソードも読みますと、いじめに遭いそうな環境から子どもを引き離すことを散々やって、彼が危険な目に遭わないよう、お母さんは先回りして避けてきました。

そんなさかなクン自身も、いじめ問題を憂えてこんな文章を書いています。

ぼくは変わりものですが、大自然のなか、さかなに夢中になっていたらいやなことも忘れます。大切な友だちができる時期、小さなカゴの中でだれかをいじめたり、悩んでいたりしても楽しい思い出は残りません。外には楽しいことがたくさんあるのにもったいないですよ。広い空の下、広い海へ出てみましょう。（『朝日新聞』二〇〇六年一二月二日掲載）

さかなクンの活躍は、みなさんもテレビなどでご存じだと思います。

二〇一〇年には、秋田県の田沢湖にかつて生息した絶滅種の淡水魚クニマスの再発見にも貢献。環境省の「地球いきもの応援団」メンバー。農林水産省の「お魚大使」も務めています。彼は東京海洋大学の名誉博士、客員教授でありながら、ステージでサックスを演奏したり、絵も描いたりしています。

さかなクンは、絵と楽器、両方の特技を持ち合わせているのですね。

こんな有名人、著名人たちも告白している

モデルの栗原類さんは自分が発達障害であることを語っています。帰国子女ですが、カルチャーギャップなどがあって、国内ではほとんど友達ができなかった。現在に至るまで、対人関係がなかなか築きにくいということをテレビの番組で告白しています。

また、海外では、ディスレクシア（読字障害）の人たちの研究がどんどん深まっていて、それに安心して、自ら告白する有名人が増えています。中でも有名なのが、映画俳優のトム・クルーズ、キアヌ・リーブス、オーランド・ブルーム、映画監督スティーブン・スピルバーグなどです。

芸術面、特に絵画、映画や音楽、建築設計の分野では、読み書きで障害のある人たち、ディスレクシアの人たちが活躍していることが実証されつつあります。ディスレクシアの人たちにとっては今、自ら告白しやすい風潮があるといえます。

ちなみに、ディスレクシアは発達障害の中でも、学習障害の典型といえますが、読むことにつまずいていると、だいたい書くことでもつまずきやすい傾向があります。

そのため、彼らの才能の向かう先が、アートや映像、建築設計など、つまり視覚刺激のほうに偏りがちになります。だから、そうした才能、感性がどんどん開発されるのだといわれています。

私の経験でも、これまで接してきたディスレクシアの生徒たちから、そうした傾向を感じています。

建築の設計において、字が読めないけれど、設計図を描かせると凄い人たちがいます。空間造形、いわゆる三次元造形能力に長けた人たちが、ディスレクシアには多いのです。

発達障害の種類と特性は三つに集約される

本書を手に取ってくださっている方は、「発達障害について、知っている」という方が多いと思います。

しかし、意外なことに、学校現場では、「そもそも発達障害の診断名を知らない」という先生が少なくありません。私が見るに、九割くらいが正確には答えられません。私が理事長、校長を務める学校の先生においても、かつては同じような状況でした。

また、発達障害について話をすると、「知っている」「これまでたくさんの発達障害の生徒と接してきた」と、知ったかぶりをする方も一般に多いのですが、その最新の学術的な診断名、特性、根拠については意外と知りません。

ですから、本来は、まず教職員への啓発啓蒙こそ、絶えず続けていかなければならないのです。

発達障害の具体的な診断名は、**自閉症スペクトラム障害**（ASD）、**注意欠如多動性障害**（ADHD）、**学習障害**（LD）の三つに分けられます。

高機能自閉症、広汎性発達障害、アスペルガー症候群など、いろいろな名称がいまだに飛び交っているのですが、だいたいこの三つに集約されています。

二〇一二年の文部科学省の「通常学級教諭への調査」によると、それぞれの発達障害の種類と特性がどのように出現し、発生しているかのパーセンテージが出ています。

これによると、**学習障害**（LD）は4・5％、**注意欠如多動性障害**（ADHD）は3・1％、**自閉症スペクトラム障害**（ASD）は1・1％です。

これらの数字は、あくまで先生の見立てなので、必ずしも正確だとは言えません。正式に診断名が出ているかどうか、先生自身が必ずしも把握しているわけではないのです。そういったことを差し引いて見ていく必要があるでしょう。

一番多いのは、**学習障害**になります。

なぜだか、わかりますか?

学習障害が、先生の頭の中に引っかかりやすいからなのです。

当事者である生徒は、授業についていけません。先生が授業で当てても、先生が期待した通りには文章が読めない。

そうした状況は、いわゆる学習上の課題、障害なので、先生の目に留まりやすい。したがって、数字が一番高く出る。よく見つけられるということになるわけです。

「E.T.」「ジョーズ」などの名作を生み出し続けてきた映画監督スティーブン・スピルバーグもまた、学習障害を持つ青少年のためのウェブサイト Friends of Quinn のインタビューでディスレクシアであることを告白しています。

教室では皆の前で教科書を読むことがつらかったと告白。当時は読字障害が知られておらず、特に中学では数多くのいじめを受けたという。支えてくれる先生もいたが、怠けていると判断する人もいたと吐露した。（『日本経済新聞』二〇一二年一〇月四日掲載）

彼にとって、中学生時代のいじめが一番辛い経験でした。その時、父親に買ってもらった8ミリカメラで初めて自作の映画を作り、映画の世界に入っていったそうです。

映画が僕を恥ずかしさや犠牲といった感情から救ってくれた。映画を作ることで、すべての辛い現実から逃げることができたんだ。

次に多いのが、ＡＤＨＤ（注意欠如多動性障害）ですが、こちらは立ち居振る舞いなどが関係してきます。

授業中に立ってしまい、座っていられない。すべてのことに注意が欠如しているわけではなく、先生の言ったことよりも、別のことに関心が捕らわれてしまって、なかなか授業に入っていけない。多動でいつもそわそわしている、座っていること、じっとしていることに耐えづらい、といった特徴があります。「やる気がない」「怠けている」「人の話を聞いていない」「ふざけている」などと思われてしまうことが多いのです。

ＡＤＨＤ以外に、ＬＤ（学習障害）を持つ生徒がいました。その生徒の場合は、抑揚をつけた独特のつぶやき、発声、それに首振りや、上半身と頭を動かすことでかろうじて記憶に留められることがわかったそうです。

しかし、教室の中では注意散漫で授業妨害をする生徒と見られ、先生からは叱られ、体罰まで受けてきたことを明かしてくれました。

本人も、怒られたことは覚えていても、怒られた内容は覚えられない。スケジュール、締め切りを守るのが苦手でいよいよギリギリにならないと動けない。優先順位がわからなくなってしまう。後回しにしたことを忘れてしまい、「あれ、

発達障害の種類と障害特性

通常学級教諭への調査結果（文科省2012.2）
発達障害が疑われる児は通常学級の6.5%

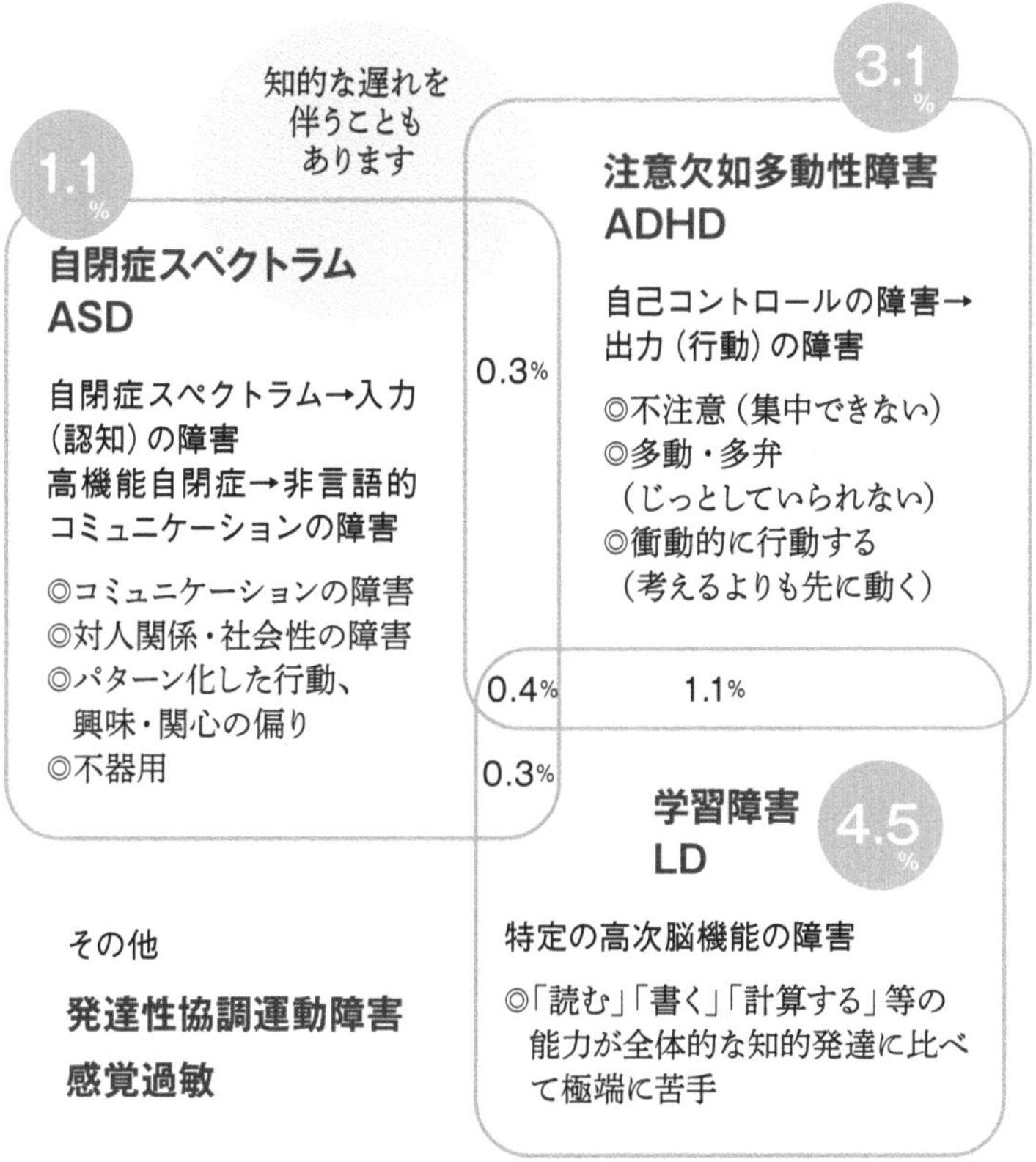

政府広報オンライン「発達障害ってなんだろう」改編

どうなった？」と言われて、「(あれってなんだっけ)」と焦る。忘れ物が多い。簡単な計算ミス、誤字脱字が多い。

こういった特徴があります。

ただ、この注意欠如多動性障害は、中学生になると、発症のパーセンテージが半分の1・5％くらいになります。幼少期、就学前から小学生の低学年にかけて一番多く現われるのです。

目立つところでは、落ち着きのなさ、立ち歩き、粗暴な言動、授業中集中が続かない、などの特徴です。

ただ、こちらも、場面場面でのふるまい方を失敗や挫折を通して学んだり、スキルトレーニングなどを通して所作を習得していきますので、だんだんと注目を集めたり、問題視されることは少なくなっていきます。

注意欠如多動性障害の人の持っている能力は、次のようなものです。

独特の感性に基づく非連続的な行動ができる。

突如凄いことをひらめく。

新しい物や情報に敏感。

すぐに行動に転じる力を持つ。

それらは、歴史上に名を残す英雄、芸術家、その他イノベーターに共通する要素とも言えます。

キンコーズの創業者で、その後も数々の企業を興したポール・オーファラは、ADHD（注意欠如多動性障害）とディスレクシアの両方を持っています。彼は、「誰もが皆、ディスレクシアとADHDになるべきだと思う」とまで語っています。


三つ目は、**自閉症スペクトラム障害**です。

ここは未開の地と言いますか、正式には「自閉症スペクトラム障害」という名前は付くのですが、自閉症スペクトラムという総称、すなわち自閉症らしき症状は、大人の誰しもが少しは持っています。

私が信頼するあるドクターは、「大人の一〇％は自閉症スペクトラム、あるいは自閉症スペクトラム的な傾向、課題を持っている」と語っています自閉症スペクトラムを持ちながら社会生活を営み、一定の社会的評価を得ている人は、「非障害系自閉症スペクトラム」と呼んだほうがいいでしょう。

「障害」という言葉は、未成年の一〇代以下の人たちに付きやすい傾向があります。それはなぜか、わかりますか？

社会的に適応していないからです。自立には、物理的に親元を離れて生きていく物理的自立、精神的に大人の仲間入りをする精神的自立、自ら収入を得て生計を立てていく経済的（職業的）自立、それに社会人として様々な責任を果たしていく社会的自立といったものがあります。

未成年の子どもたちは、いずれの自立もできておらず、自らが社会に有用であると実感しにくい段階に生きています。

成長ホルモンも活発で、保護者、社会などに対して、反発を感じる時期でもあります。ですから、なおさら社会への適応ができず、生きづらい時期を過ごすことになるのです。

前述した有名人のように、日本でも活躍している自閉症スペクトラムの人は、山

ASD（自閉症スペクトラム）

ASD（自閉症スペクトラム）の理解に向けて知ってほしい4つのこと

アイコンタクトが苦手です 表情で感情表現することが苦手です でも、人と関わりたいと思っています だからひとりぼっちにしないでください	規則性や日課にこだわることがあります 見通しがないと不安になります だから、急に予定を変えないでください 始まりと終わりをわかりやすくしてください
ときどき間違った言葉の使い方をします 言葉のあや、暗黙の了解が理解できません でも、じっくり話を聞いてください 曖昧ではなく正確な言葉で伝えてください	1つのことに没頭することがあります 融通がきかない頑固なところもあります でも、無理に止めさせようとしないでください 興味があることを活用した工夫をしてください

中央：自閉症スペクトラム

Asdサポートインフォメーション研究機構

ほど存在します。ですが、彼らは曲がりなりにも職業生活を営んでいるので、自閉症スペクトラム障害という名前が付かないだけなのですね。

ところが、実は課題を抱えているのです。

対人関係のトラブルがなく社会生活が営めて社会的に適合していても、何かに依存しながらどうにかやっていけている人がいたり、そうかと思うと、何かのきっかけで対人トラブルが発生して、社会的不適応を起こしてしまう人がいたりします。

現代は、そのリスクが膨らんでいる社会とも言えます。自他共に、自閉症スペクトラムに対する理解と受容ができる大人が増えていくことが望まれます。

「発達障害は病気ですか？」という誤解

最近、大人の発達障害に関する本が、書店に並んでいます。

それらを読むと、間違ったことが書かれていることがあります。

たとえば、ある日突然、発達障害が出てきたと書いてある。これは、間違いです。

発達障害のある人が、大人になってたまたま、発達障害の傾向、特性が課題として出てきただけであって、いきなり発症したなどということは、基本的にはないのですね。

職場環境、上司・同僚・部下との関係性によっては、もともと持っていた自閉症スペクトラム的な傾向、特性がマイナス面として出てくることはあります。適応しづらくなり、周りから疎んじられたり、冷たく扱われたりして、そこが障害として浮かびあがってしまった、というケースです。

発達障害に関して、こんな質問を受けることがあります。

「発達障害は、病気ですか？」

「病気は、治りますか？」

これらは誤解です。**発達障害は、基本的には治らないのです。**

症状を軽くすることはできても、急激に良くなることはありません。

ただ、認知行動療法、療育、薬物療法やわれわれのような学校が行う特別支援教育によって、問題傾向が治まっていく、目立たなくなるという可能性はありますが、基本的に病気ではないのです。

これらの誤解は、教育現場で実にたくさんあります。家庭の中でも数多くの誤解が生じています。

ある生徒は、父親から「大学受験する頃までには、明蓬館高校の先生に発達障害を治してもらいなさい」と言われたと、ふさぎこんだ様子で語ってくれました。

それに加えて、診断の基準、背景が必ずしも確立しているわけではありません。その証拠に、自閉症スペクトラム障害という診断名を持ち、長年、不登校や引きこもり、起立性障害、協調運動性障害、不安症、強迫神経症などの二次障害を発症していた生徒が、実は主訴としては感覚障害に悩まされていたケースがあります。卒業する頃には、自閉症スペクトラム障害の傾向は少なくなっていました。

診断の大もとは、WISCやWAIS、KABCなどの心理検査をもとに、医師による面談、診察を経て、自閉症スペクトラム障害との診断名が下ります。

医学的に明確なエビデンス（証拠）が今後ますます求められることはいうまでも

ありません。

ASDとADHDのある人は起業家になりやすい？

思いついたら、すぐ行動してしまう。計画して、議論して、想定して、というのを飛ばして、着想したら、すぐ行動してしまう。そういう傾向のある人は、注意欠如多動性の課題があるかもしれません。

アメリカでは実は、ASD（自閉症スペクトラム障害）とADHD（注意欠如多動性障害）のある人は、起業家になりやすい、経営者としての素質があると言われているのです。

一時、ITベンチャーでシリコンバレーの経営者の多くが、自閉症スペクトラム障害で、なおかつ成功している＝シリコンバレー症候群という話がありました。

マイクロソフトの創業者のビル・ゲイツは、中学2年生の時に、アスペルガー症候群の診断を受けています。彼にはもの凄い記憶力がある。あることに夢中になると寝食を共に忘れるくらい没頭できる力を持っています。

フェイスブックの創業者のマーク・ザッカーバーグは、ハーバード大学を中退し、起業家の道を邁進した人です。ハーバードの寮生活ではパーティなど社交の場がありますが、彼は人間関係を築くのが苦手で、友達が少なかったそうです。

ある日、女子学生の品評会のサイトをネット上に作ったのです。学内のサーバに入り、女子学生のデータから作り上げました。美人投票のサイトですね。

このサイトを作ったことが、フェイスブックを立ち上げるきっかけになったのですが、それが人気を呼んで、プログラマーとして凄いと言われるようになり、SNS（ソーシャルネットワーキングサービス）の開拓者としての人生がスタートしました。

その後、彼の才能とアイディアに資金が付き、フェイスブックが立ち上がったのです。

彼は、こう語っています。

「僕はこんなふうに考えたんだ。みんな僕と同じ大学生だ。だから、自分に面白いものはみんなにも面白くて便利なものになるんじゃないかなって」
「大学にやらせてしまうと二〜三年はかかってしまう。僕ならもっといいものがつくれるし、一週間で立ち上げてみせる」

対面でのコミュニケーションスキルに課題を持つ彼が、一方で無類のプログラミングスキルを持っていたことがフェイスブック誕生の陰にあったことに注目したいと思います。

他にも、いろいろな人のエピソードがあります。

チャールズ・シュワブ（同名の証券会社の創業者）、リチャード・ブランソン（主に英国だが、バージングループの創業者）、ジョン・チェンバース（シスコシステムズの元CEO）、そしてスティーブ・ジョブズ（アップルの創業者）らは言うまでもなく、フォード、ゼネラル・エレクトリック（GE）、IKEAの創業者などもASDの特性を持つ人たちです。

アメリカでは、こういう人たちが自分の得意な才能を活かして、ある分野を築く、ということが事実としてあります。

マイクロソフト創業者ビル・ゲイツ、アップル創業者スティーブ・ジョブズ、フェイスブック創業者マーク・ザッカーバーグ。

彼らの共通項はなんでしょうか。

いずれも共通点は、発達上の特性もしくはそれらに類する行動特性、ユニークな学習特性を持ちながら成功した著名人である点。

パソコンをはじめとするＩＴがいつも身近な存在であった点。

マイナス面よりも優位点を評価する人が周りにいた点。

セレンディピティ（予期せぬ幸運に出会う能力）を有していた点。

一つのことに固執すると平気でほかのことを犠牲にできる点。

自己評価のためには他者からの評価を犠牲にできる点。

ギフテッド・チャイルド（何かを与えられた子供）として、幼少時より「特別扱いする」言葉を受け取っていた点、などです。

三人とも、定型発達者が標準的に持つソーシャルスキルを無理に身につけさせようとか、指導や訓練を通して補強し、定型発達者のそれらに合わせようとか、そんなことを考える指導者に出会わなかったことが、ある意味で幸いしたことも共通点です。

もし彼らが日本で生まれ育ったとしたら、マイクロソフト、アップル、フェイスブックは生まれていただろうか、と考えることがあります。

ＩＴ、ＩＣＴの持つ力を侮ることなく、適切に接させることにより、ギフトは相当な確率で子どもたちに宿ります。

そのことは、われわれが運営してきたグループ校のささやかな実践の中で、確信に近いものがあります。

日本の場合は、大きな可能性の芽が出る前に、何らかの形で摘まれ、潰されてしまっていることが非常に多いのです。前述の人たちが、もしも日本に生まれ育っていたら、今日の名声を得ていたでしょうか。

残念ながら、私にはそうは思えません。

日本では、さらに困ったことに、発達障害の診断名が付かなくていい子どもにまで、診断名がついてしまっているケースがあります。実は才能だったりするのにもかかわらず、障害があることにされていることも非常に多いのです。

私も一九九〇年代のパソコン、インターネット隆盛期にICT業界にいたため、発達の課題を持つ人が本当に多かったなあと実感しています。

スケジュール管理がルーズな人、妄想癖の強い人、やたら自分を偉大に見せたがる人、敵愾心が強く、人を見ると居丈高になり攻撃的になる人、いったん火がつくと猛スピードでプロジェクトに取りかかる人、等々です。

なぜでしょうか?

業界の歴史が浅いために、ベンチャー精神が旺盛な人が先に上位のポストについていて、自分流が許されていたことが大きいと思います。

新しい業界には、学歴があって学校のオーソドックスな勉強ができるそつのない人はやって来ず、ちょっと変わった人やおおいに変わった人しかいないからです。

かく言う私も例外ではなく、ADHD、ASDを持っています。

発達上の特性の中には、空間造形能力、直感力、けた違いの値を示す聴覚・視覚能力、集中力、継続力、突進力、実現へのかけ離れた妄想力、自我の欲求、高い記憶力と反復耐性などがあります。

それらの特性をどう引き出し、社会参加・貢献、ときとして文明の進展に役立てられるか、大人が試されているのだと思います。

第2章 障害を持つ子どもを取り巻く教育の現状

小さい時のつまずきが、就労のつまずきに

幼少時の発語の遅れ、独り遊びの癖、ぐずり、多動や衝動性、関心が移りやすい、眠りが浅い、夜泣きなどがあって育てにくかったという子どもは、ある種の発達の課題を、ずっと持ち合わせている場合があります。感情をうまく表せないとか、人と目を合わせないとかもですね。

私は小学校や幼稚園、保育園に見学に行った時は必ず、子どもたちの表情や目の動き、視線の先にあるものに注目します。それに子どもたちの手の動作を注視しています。

そうすると、中には、他人から物の受け渡しや握手を求められた時、相手が右手を出しているのに、左手を出す子がいるのです。

それから、園から帰る時、数人だけ、バイバイする時の手の向きが違う。手のひらではなく、手の甲を相手に向けて、バイバイをしている子がいます。

こういう子は、視覚認知上の発達の課題を抱えています。自分が見たまま、そのままの状態で手を振ってしまうので、相手に見せようという感覚が失われているのです。

それぞれの園にも、そうした発達の課題に関するさまざまなチェックリストがありますので、先生方にとっても、そうした子どもへの配慮、研鑽が必要になるかと思います。

つまり、何が言いたいかというと、小さい時からのつまずきに本人が気づけず、周りもそれに気づかず、適切な対応、スキルトレーニングができないままでいると、何らかの二次障害、三次障害にかかり、最終的には、社会参加、社会的自立でつまずきやすくなるのです。

学童期には、対人スキルの引き出しの少なさから、集団生活においてトラブルが生じやすく、孤立しがちだったり、逆に他人への介入の度合い・間合いが適切でないためにトラブルも生じやすくなったりします。学習面の遅滞も起きてきます。

思春期においては、マズローの五段階欲求説の、帰属の欲求や自我の欲求が満たされないことによるストレス、メンタル不全に陥りやすくなります。

いつも落ち着かない。言いたいことがうまく言えない。先生や友だちが言っていることがよくわからない。勉強のペースが速くてついていけない。手順やルールがわからない。不安でしようがない。自己評価が低くなり、自尊感情が下がってきます。対人面でも親密な関係を築く術が持てなくなります。

うつ傾向を持ち始めるのは中学時代です。頑固で融通の利かなさも目立ってきます。生来、変化に対応するのが苦手なことも重なって、新しいことや場面や人に対する苦手感が強まってきます。

不登校、引きこもりが始まる時期は中学1、2年次が多いのですが、これは、自分と自分を取り巻く周囲との関係性に悩み始める時期だからです。

ひきこもった生徒の部屋の様子を見たことがあります。話も聞きました。その時の生徒は、昼間からカーテンを閉め切って何をするでもなく過ごしていました。ゲームをして飽きたら何もしないと。

ネットがあれば、さまざまな事象に触れることができる、一見便利な社会です。ニュースにも簡単に触れられます。

発信と受信、情報交換、意見交換もできます。

ひきこもった人を主な利用者に見立てたオンラインゲーム、コミュニケーションツールの業者も次から次にやってきます。その中には悪質な業者もいないわけではありません。

打ち込めるものが見つかったわが子を、ついつい応援したくなる親たちは、はらはらどきどき見守っています。

当の生徒の心境を想像することがあります。心の声に耳を傾けます。

外界と遮断されているわけではないが、一歩踏み出そうとすると硬い壁のような存在を感じてしまう。

乳幼児期にはあれほど密着してくれた大人たち。

にこやかに関心を寄せてくれていた大人たち。

自分の柔らかい内的世界に無造作に介入してくる大人たち。

いろいろな仮面をかぶり始めた友達。

すべてが身の回りから離れていき、潮が引いていくような感覚。

それがいつ押し寄せてきて、圧迫を加えてくるかもしれないという恐れ。

話を最後まで聞いてくれる、つきあってくれる人が周囲に見つからないと、対話の相手を求めてネット上をさまよい、見つけ出します。でも、その間を取り持つのはゲームや漫画、アニメ、フィギュア等なのです。


私たち、アットマーク国際高等学校、明蓬館高等学校でもずっと以前には、卒業後や、大学を経て就職をした後に、引きこもってしまうケースがありました。大学の電子工学科を経て、大学院まで卒業した人が、ある有名な百貨店のシステム課に配属されたのですが、上司の言葉にいちいち逆らうような言動を繰り返したため、疎んじられて、職場でも居場所がなくなってしまいました。

本人としては、提案、提言のつもりだったのですが、問題点ばかり指摘し、自らが改善しようとする意思がうかがえないのです。だからといって職場が嫌いなわけでも職場の仲間が嫌いなわけでもないのですが、ついつい言動が刺々しく映ってしまいがちです。

「ここに資料があるので、時間がある時に見ておいて」

と上司が指示をすると、時間の有る無しの判断ができなかったため、「時間がなかったので見ていません」と言って、上司のご機嫌を損ねてしまう。

「この間頼んだ例の件はどうなった？」と聞かれて、「頼むとはっきり言われなかったので、何もやっていません」と答えるのです。

そうなると、職場での評価は下がってしまいます。

こうした応対は、学校の生徒たちにも、見られることがあります。

かつて登下校する時に、こう言ったことがあります。

「道草を食わないように」と。

そうすると、その生徒は私にこう言いました。

「道草って、どんな食べ物なんですか。それって食べる物なんですか？」

と大真面目な表情です。

「その話は棚に上げて」

と言うと、

「先生、どの棚に上げるんですか」

と聞き返されたこともあります。

語彙の問題、語彙の応用力の課題があるのかもしれません。それも疑って学習支援に生かす必要もあるでしょう。

本人としては純粋にわからないから聞いていることを、まっすぐに受け取ろうとしない大人がいると、ミスコミュニケーション、あるいはディスコミュニケーションに陥ります。


ある種の社会生活のつまずきが積み重なって、最終的には就労とか、家庭生活でのつまずきに拡大してしまうこともあります。

とりわけ、青年期以降は、職業生活の離脱が起きやすく、ひきこもり、年齢相応の身辺自立が困難になります。特定のものを買い集めたり、すぐに売り買いを繰り返したりすることもあります。ネットでの決済が容易になっていることも背景にあります。

人に騙されやすく、浪費癖、借金を背負う、性的に逸脱する行動やストーカー行為をする傾向に陥りやすい、などの課題につながることも挙げられます。

発達障害のある子どもが、学校を卒業して、一人暮らしをする時は、教職員がヒヤヒヤします。浪費、インターネットへの過度の傾注、何かにハマることで、それが激化する。身の周りの生活に関する所作が身についていないので、課題が次々に溜まっていきます。気が付いた時には、真っ先に学業から離れる選択肢が現実のものになってしまいます。

今は少なくなりましたが、一〇年くらい前などは、お母さんの悩み事のベスト3に入っていたのが新聞の勧誘。子どもの住むアパートを訪ねてみたら、新聞勧誘員が押しかけてきていて、朝刊全紙を購読していたとか……。

友人にお金を貸すことが続き、返してもらうことができず、ズルズルと金額が膨れ上がるケースもありました。それは、その子に断るスキルがないからなのです。

今、学校現場で起きている教師の過剰反応

学校現場において、学習障害に気づきやすいというのは当然なのですが、学習面はもちろん、子どもの行動面、クラスの中での対人関係の様子などから、発達の課題、傾向に気づくことのできる場面は多々あります。

たとえば、先生が「○○君、2行目読んでみて」と言って、その生徒が読めないとします。古いタイプの先生であれば、「サボっている」とか、「自分に反抗的だ」とか、「ネットにハマって体調が悪いからじゃないか」とか、すぐにそう決めつけてしまう。

ですが、本当はここで、「もしかすると、本当に読めていないのかもしれない」「学習障害が、根っこにあるかもしれない」といった点に、ピンと気づかないといけないのですね。

そんなふうに気づける先生は、まだまだ少ないのです。

行動面においても、

「気が散りやすい」

「指示したことに従わない」

「手足をいつも動かしている」

「目が挙動不審である」

対人関係面においては、

「共感性が乏しい」

「比喩やたとえをそのまま受け取ってしまう」

「友だちとの適切な距離感がつかめない」

これらは、行動面による気づきなので、ＡＤＨＤやＡＳＤを疑わなければなりません。


先生としては、自分の想定内に収まる答えが欲しいわけです。

自分が投げかけた質問に対し、生徒が別のことを考えていたり、自分の欲しい答えじゃないものがたびたび返ってきたりすると、その生徒にはもう当てなくなったりする。

そうでないと、予定調和が働かないからなのです。

子どもに接する時の違和感も含めて、「そうか、なるほど。そう考えたか」「それもあるよね」と許容できる先生がもっと多ければいいのですが、先生自身が自分の欲しい答えを望んでいるので、そうした子どもたちを遠ざけてしまう。

結局は過剰反応してしまうのです。

教師は、学ぶことに関心を示さない生徒に冷淡になりやすい。目の前にいる生徒には学ぶ気でいてほしいと願います。

でも、発達の課題を持つ生徒が増えるいま、何が学習への意欲を阻害しているのか、背景に何があるのか、どうすれば学ぶ気になってくれるのか。考えて考えて考え抜く教師であってほしいと思います。

中学2年生の子どもを持つお母さんが、私に切々と訴えてきたことがありました。

お子さんはＡＳＤとＡＤＨＤの障害があるとのことでしたが、お母さんによれば、学校の担任の先生はある時、その子を教壇の右隣の、クラスの生徒の視線を浴びる場所に机と椅子を置いて座らせた。先生としては、注意を向けやすいし、声をかけやすい。最大限の配慮だったのかもしれませんが、「それが原因で子どもは、ほとんど教室に行けなくなってしまった」というのです。

生徒にとっては、辛いですよね。みんなの視線を浴びますから。

先生としては、彼らを近くに置くことで、何かあったら、すぐ駆け寄って行けるので、親切だと思ったのですが、それが見事に仇になった。過剰反応なのです。

全校生徒の前で障害をカミングアウトさせられる

また、これは別のある学校現場での話ですが、学習障害のある子の場合には、親が教材やプリントに「ふりがなを付けてください」と願い出るケースがあります。

生徒によっては、大きな文字の級数で拡大コピーが望ましかったり、色に対する感覚過敏、中には紙質に対する配慮が必要だったりするケースなど、さまざまなケースがあります。

同時処理の苦手さやワーキングメモリー、処理速度の関係で、先生が黒板やホワイトボードに書く文字をノートに書き写すことが難しいケースがあります。書字障害の場合は、鉛筆やペンを持って書くことができません。

そんなとき、Ｐｏｍｅｒａ（ポメラ、キングジム製）やタブレットなどを教室に持ち込むと難なくノートを取ることができます。タブレットを使うと、ノートがつくれることもあります。

しかし、それをやってしまうと他の生徒からも各種要望が出てくるため、その都度の対処ができなくなるからと、職員会議でもめにもめました。

議論の結果、全校集会が月一回、体育館であるのですが、その場で、当事者である生徒自身が「発達障害があることをみんなの前で告白し、理解を求める」というルールができてしまった。

「授業の時に、○○のような配慮をしてください、なぜなら、自分は○○○の学習障害があるから」と、自らが生徒全員の前でカミングアウトしなければならなくなったのです。

そのために、何人もの不登校の生徒ができてしまったということです。

なかには、性同一性障害の女子生徒もいて、「スカートが嫌なので、ズボンをはきたい！」と全校集会で訴えたのですが、この場合は認められたそうです。

性同一性障害の女子生徒の場合は、目に見えやすく、共感を呼びやすいのですが、ＡＳＤやＡＤＨＤ、ＬＤの障害のある子は、先生が代理、代弁できないのですね。「この生徒は特例扱いします、こういう障害特性があるからです。みんなにも大小さまざまな特性があるのですが、この生徒の場合はこういう手立てがあればうまくいくのです」ということを、先生方は自信を持って言えません。

そうした事情があるので、「生徒自身に語らせる」という特殊なルールが、市区町村によってあるのです。こういうルールは無くすべきだと思います。

こんな話もあります。内申点では合格、試験もトップランク。ところが、「学習障害です。ディスレクシアです。配慮をお願いします」と、言ったとたんに入学辞退を促されたケースがありました。某公立高校です。

公立でさえ、教材の特別な配慮、副教材の用意、ふりがなを付ける、別室での試験等々のディスレクシアへの特別対応は、やりたがらないのですね。

実際には、特別なニーズのある生徒に対する配慮はするべきものとして対応するようにと、文部科学省から学習指導要領で記載され、ガイドラインが何種類も出ていますし、県の教育委員会においても出されているのですが、学校現場が対応できていません。

「学習障害のある生徒に対しては、合理的理由に沿って特別扱いをする、対応をする」という共通の理解があれば、何も「この子だけ特別」という話にはならないはずです。

残念ながら、学校現場での理解がまだまだなされていないというのが、実状なのです。

支援の基本

発達障害は生まれつきの脳の機能のアンバランスです。

「育て方が悪い」とか、「心の病」、「愛情不足」、「大人になってから発症した」ということは誤解。

小さい頃から適切な支援が必要な人たち。

自閉症スペクトラム障害（自閉症やアスペルガー症候群）への支援の基本

・耳からの理解より、目で見ることのほうが得意です。文字や絵で伝えるとわかりやすいです。
・初めての場面や慣れない行動は苦手です。前もって、やることやスケジュールを伝えて安心感を持てるようにしましょう。

注意欠陥多動性障害（ADHD）の支援の基本

・気が散りやすいので、余分なものは片付けましょう。
・余分な声かけも、気が散る元です。
・短時間でも集中できたらほめてあげることや、身体を動かせる時間を取ることが大切です。

学習障害（LD）の支援の基本

・「頑張れ」「努力しろ」だけでは苦手なことはできません。
・ひとりひとりの特性に合った教え方をしましょう。
・書くことが苦手ならばパソコンを使うとか、計算ができなければ電卓を使うなど代替手段も考慮しましょう。

支援のあり方とは、小さな階段を用意してあげること

発達障害のある子どもの支援の基本は、視覚からの刺激です。

たとえば、自閉症などの子どもたちにとっては、耳から来る刺激だけだと、子どもたちはなかなか耐えられない。対応できないし、理解できないので、書き物や絵、図解、写真、カード、シールなどで伝えるとわかりやすいのです。

明蓬館高校など私どもの学校でも、視覚刺激を取り入れながら授業や個別支援を行っています。

しかし、話はそう簡単ではありません。

一般には、聴覚からの刺激、補足・補助など、何か特別な手立てが必要だと言われていますが、自閉症スペクトラム障害の生徒で、視覚面よりも聴覚優位の生徒がいます。耳からの理解のほうが得意という生徒が、後述するSNEC（スペシャル

ニーズ・エデュケーションセンター）にはいます。

継次処理よりも同時処理のほうが得意という生徒がいます。

知れば知るほど、いろいろなケースがある。

だから、これは原則なのですね。定型発達の生徒の中に、さまざまなニーズや事例がある通り、非定型発達の生徒の中にも、右から左までさまざまなニーズや事例があることがわかってきました。

教科書通りにいかないというのが、特別支援教育の面白みであり、醍醐味でもあるのです。

注意欠如多動性障害の子どもの場合、支援の基本は、小さな成功の階段をいっぱい用意してあげることなのです。

「これもできたね、あれもできたね、明日ここまで行こうか」と励ましながら、急にステージを上げないことなのです。

一〇〇％、二〇〇％うまくいく階段をたくさん用意してあげて、それを小さく刻んでいくことに尽きる。

「急にできるようになったから、それ、一足飛びにやってみようか」というのは、だいたい仇になります。

本人にとっては物足りないくらい、「こんなのでいいの?」というくらい、小さな成功の階段を用意することが、基本中の基本です。

これは、多くの発達障害のある生徒に当てはまるかもしれません。

ただし、思春期で難しいのは、プライドの問題です。

小学生の段階では、間違いなくできるプリントなど、目の前の学習にきちんと取り組んでいけば、子どもたちはまだ素直なのでやってくれます。

中学生や高校生になると、「何でこんな簡単なことをさせるの?」という反応が出てくるようになります。別の手立てをケース解析しながら、違うアプローチを探っていくことになります。その境目は、中学1年生くらいでしょうか。

また、学習障害への支援については、精神論がやたらと多いことも問題です。「頑張れ」とか、「ふざけるな」「やればできる」といった意識、励ましが学校現場にはとても多い。実際は、そうした考え方が、親と子を共に苦しめてしまっているのです。

後述することでもありますが、以下のような例がしばしば見られます。

・「なんで、なぜ」症候群

「なんで○○したんだ」「なんで○○しなかったんだ」、と恫喝口調になりがち。

・「○○しちゃだめ」症候群

何か自発的、積極的に取り組もうとする生徒に対して、やる気をそぐ言動。しかも文末が否定形で終わるため、具体的に次に何をしたらいいのか、イメージが描きにくくなり、かえってやる気をそぐ結果になる。

・「きちっと、きちんと、しっかり」症候群

言っているほうも、具体的にと言われると困るから、わりと安易に口をついて出ることが多い。人に言っているというよりも、自分自身に言っている自己満足傾向

が強い、身体言語とも言うべき悪癖です。聞き手は一見わかったふうな表情を見せるかもしれません。「きちっと、きちんと、しっかり」を一人ひとりの生徒はどう受け止めたのか、聞いてみるとよいでしょう。バラバラな答えになるか、または具体的に言えないケースが多いのではないでしょうか。

文章が読めないと、「サボっている」とか、「勉強をしていない」「予習復習をやっていないんだ」ということになって、「やる気がないんだろう」と、責める口調が本人を追い込んでしまいます。

読みたいけど読めない、書きたいけど思いつかない、思い出せない……。そんな辛さに理解と共感と同意をしてあげられなければ、本人は事態を打開するどころか、どうしたらいいのか、不安ばかり募り、精神的に追い込まれていきます。それがどうしてわからないのだろうか、と思わざるを得ません。

挙句の果てには、親の愛情不足や躾の不行き届きといった、親の姿勢と短絡的に結び付けてしまう向きが、学校教育の現場では未だに多く見られます。これは実に

発達障害の併存障害・症状・疾患

	ASD	ADHD	LD
発達障害	ADHD	ADHD	ADHD
	LD	LD	
		ASD	ASD
	発達性協調運動障害		発達性協調運動障害
			コミュニケーション障害
精神症状・疾患	抑うつ障害	抑うつ障害	抑うつ障害
	不安障害	不安障害	不安障害
	睡眠障害	強迫性障害	双極性障害
		チック障害	
行動障害・身体疾患	回避・制限性食物摂取障害	反抗挑戦性障害	
	てんかん	行為障害	
	便秘	重篤気分調節障害	
		間欠性爆発性障害	
		反社会性人格障害	
		物質使用障害	

桑原 斉《ひとし》 東京大学バリアフリー支援室准教授
「併存疾患と心理社会的・環境的アセスメント」金子書房刊『これからの発達障害のアセスメント』より

残念なことです。

こうしたことは、当の本人を苦しめてしまうので、学習障害に対しては、本当に繊細に対応しなければいけないのです。

二次障害、三次障害を発症しやすいLDへの配慮

前ページの表は、二〇一六年に学会で発表されたものですが、ASD（自閉症スペクトラム障害）、AHD（注意欠如多動性障害）、LD（学習障害）の診断を受けた人たちは、成人になるまでの過程で、二次障害として、抑うつ障害、不安障害などの精神症状や精神疾患を発症し、三次障害として、高次脳機能障害や様々な身体的な障害へと結びつきやすい、ということを表しています。

第一診断名は発達障害なのですが、二次、三次で、複数の合併症になりやすいという、ひとつの統計調査でもあります。

ここで注目していただきたいのが、学習障害です。

学習障害があると、ＡＤＨＤ系傾向を含んでいるケースが比較的多く、ＡＳＤ傾向もある。

さらには、コミュニケーション障害や抑うつ障害、不安障害、双極性障害に進みやすい。

ＳＮＥＣをつくる以前に明蓬館高等学校に他の高校から転入学してきた生徒の中にも、ＬＤの特性に配慮と適切な支援を受けられずにきたため、双極性障害をはじめとした精神障害を併発してしまっているケースがありました。

次章でご紹介しますが、私どもの学校の卒業生、ＬＤを持つ南雲明彦さんも、精神障害を発症して、入院生活を余儀なくされていました。

学校とは言うまでもなく、学ぶ場所です。

学ぶ場所で学ぶための基本動作は「読み書き」です。

その「読み書き」でつまずいた生徒が、反論も、傾聴してもらうことも、科学的に検証してもらうことも許されず、一人机を前にしてからだと心を硬直させていることがどんなに過酷であるか、一人でも多くの先生に知ってほしいと思います。

学校の現場で、学習でつまずいている生徒に対して、温かい視線とか、特別な対応、合理的な配慮をしないために、発症しなくてもよい二次障害、三次障害を発症してしまうケースがとても多いのです。

先生方には、とにかく発達障害の中でも、ＬＤに対する目配り、気配りに留意していただきたいですね。

研修会や勉強会などでも、ＬＤへの対処については、多くの時間を割くのですが、彼らに対する適切な対処、支援のスキルを身に付けないのは、本当に罪深いことだと思います。

発達障害と間違えられやすい感覚過敏

もう一つ、感覚過敏を取り上げないわけにはいきません。

明蓬館高等学校の生徒の中にはさまざまな感覚過敏の生徒がいます。これまでの成育歴を聴取し、関係者からも情報収集をします。

読みと書きの障害の主な特徴

読み障害	書き障害
読書を嫌う・逐次読み	字を書くことを嫌う
とばし読み・勝手読み・誤読	書くのが遅い、早く書けるが雑
拗音・促音・撥音などの読み習得が遅れる	書き順が違う
「わたしは」→「わたしハ」と読む	ひらがなが多い
漢字の読み方が変わると読めない	鏡文字
読めても理解していない	拗音・促音・撥音・長音の間違い
文章題が苦手	形の似た字を間違える(「ぬ」と「め」)
	「は」「わ」、「を」「お」を混同する

静岡市版読み書き支援ガイドブック　2014
静岡市発達障害支援センター「きらり」　静岡医療福祉センター小児神経科　前田郷子

かかりつけのドクターや中学校の先生、療育にあたってきた方々からも聴取していきます。感覚過敏の傾向があらわれた時期については発達障害の検査実施の前だったか後だったたか、診断が出る前だったか、後だったか、聞き出します。後にそれらの傾向が強くなったのであれば、発達の課題から併発してきたのかもしれないと思われます。また、不安や心配や周りの環境や人間関係の齟齬から神経症に似た感覚過敏が生じてきた経緯がうかがわれるケースもあります。

SNECに入学して、支援と伴走をしてくれるスタッフと信頼関係が結ばれ、安心して通う場所が見つかり、自分の特性を理解し、適切にかつ合理的配慮をもって接してくれる環境が見つかると、二次障害の解消を伴って、感覚過敏の傾向と課題が雲散霧消するケースも経験してきました。

感覚は個人の主観的なものであり、刺激の感じ取り方はさまざまです。ことに、自己肯定感を持ちにくい思春期においては、感覚の偏りがある人の困難さは奇異に受け取られやすいため、理解してくれる人を家族だけでなく、医療の立場の人以外にも広げていくことが求められます。

感覚過敏を持つ生徒には、各種の刺激に慣れさせる方法ではなく、過敏の傾向を

高校生段階に見られる感覚過敏と環境調整の方法

聴覚過敏

・大きな音が苦手（集中できない）	・大きな音に近づかない、離れる
・特定の音が苦手（マイクを通した声、サイレン、チャイム、金属音など）	・事前に苦手な音がある環境か否か、確認しておく
・人が大勢いる中での雑然とした音や声が苦手	・もし、それがある環境であるなら、遠く離れる
・時計の秒針、人が出すキーボードの音が苦手	・自分の特性や苦手感を理解してくれる人を確保する
	・耳栓やイヤマフ、ヘッドホンを用いる

視覚過敏

・直接目に飛び込む蛍光灯の光が苦手	・耐熱性のあるカバーを取り付けてもらう
・パソコンのディスプレイ画面が気になる	・ディスプレイの明るさを調節する、調光方式を自分に合ったものに変える、ブルーライトを抑える
・人ごみの中で光が乱反射するのが苦手	・自分に合ったサングラスを使う
・電車やバスの中で人混みが苦手	・教室では、刺激的な掲示物からは遠ざかる
・特定の色の組み合わせが苦手（教室の掲示物など）	

触覚過敏

・袖口に被服が当たるのが苦手（一年中半そで）	・袖のルーズな長袖の被服を探すなり、工夫してみる
・小さい時から他人に髪を切られるのが苦手	・親族が近くにいる環境で他人に髪を切ってもらうなど、少しずつ慣れるように工夫する
・急に手を触られるのが苦手（人の手から何かが付く感覚がいや）	・人に触られるときには事前に想定する、家族や友だちなどに事前に相談しておく
・人に自分の体が触れるのが苦手	

その他、嗅覚過敏、味覚過敏、平衡感覚過敏、温痛覚過敏などがあります。

感覚に偏りがある場合には、子どもの生活空間に存在する不快な刺激をコントロールすることが大切です。

「触覚」「平衡感覚」「聴覚」「視覚」の発達については、運動や遊びによって日常生活に必要な感覚を整えることができます。これは、「感覚統合療法」と呼ばれるものです。

感覚統合とは、人の持つ複数の感覚を組み合わせて、整理したり、まとめることです。人は、環境からの刺激を受けると、無意識に複数の感覚を連携させながら、反応します。

この感覚統合のプロセスが適切に生じるように促していくのが「感覚統合療法」です。

軽減させる方法論が有効です。そのための独自のルールをつくる必要があります。
どうしても対応しづらいことは、回避することも立派な解決策です。

ひきこもることでしか守れないもの

この先どこに連れて行かれるのかわからない。
心を寄せることのできない人の声を頼りに、暗闇を歩く。
自己選択を奪う、押しつけの強い言葉たち。
身もすくみ、体がこわばる。
ならば。
一人でもいい。
たった一人でいい。
暗闇でもいい。

薄明りの灯る家があり、談笑する人の声がある。
一匹の犬でもいい。

一緒に歩いてくれて、足元を一緒に眺めて歩いてくれるパートナーがいる。
一人でいい。
互いの言葉を最後まで受け止めて、うなずき合える。
うなずいてくれなくても、うけとめてくれている余韻を感じ合える。

前に踏み出す力は、高尚なところから湧き上がるのではない。
偉い人の経験談からでもない。
目の前の一匹の犬であり、一人の何気ない人の気配から始まる。
と私は思う。

第3章　不登校の陰に発達障害あり

ディスレクシアを告白した卒業生、南雲明彦さん

私は、二〇〇四年から、「アットマーク国際高校」の理事長を務めています。アットマーク国際高校は特区制度により設立された全国初の「市町村認可、株式会社立の高等学校」です。石川県・金沢に学習センターがあり、東京・品川に事務本部があります。

そもそもは二〇〇〇年に東京インターハイスクールという、米国の通信制高校の日本分校を創設したことが、私たちが学校教育に踏み出した第一歩でした。二〇〇四年にこのアットマーク国際高校を創設したことで、日本の学校教育の世界に本格的に入ることになりました。

日本初の特区法で定められた高等学校ということもあり、この学校はテレビ・ラジオ・新聞・雑誌で多く取り上げられました。インターネットを活用した初の広域通信制高校という話題性もあったのでしょう、さまざまな入学動機、学習動機を持

つ人からの問合せには驚かされました。

・高齢者がもう一度高校の学習に取り組み、卒業証書を手に入れたい。

・難病を持ち、入退院を繰り返しているが、学習を途切れさせることなく卒業証書を手に入れたい。

・国際結婚家庭の子女で、日本への帰国を余儀なくされたが、全日制では学習は困難。何とか通信制で自分の持つ語学力も支えてもらいながら、卒業証書を手に入れたい。

等々、驚くようなニーズを持ち込む人でいっぱいになりました。

私と教育との最初のかかわりは、前職、神奈川県が大株主になっている第三セクターの株式会社ケイネット取締役として、一九九七年に、横浜にインターネットハイスクール風（Ｋａｚｅ）を開校したのがきっかけでした。その時の私の肩書は担当取締役兼事務局長というものでした。

事情によって、職を離れなければならず、心残りだった私は理解者、同志を集め、新しく法人を設立して、前述の東京インターハイスクールを創設したのです。

それ以来、さまざまな不登校の生徒とその保護者とのかかわりが生まれ、数多くの経験を重ねてきました。不登校の中にも生徒自身に起因するもの、いじめに起因するもの、家庭環境など外部要因に起因するもの等々、さまざまなケースと接してきました。

そんな中で、二〇〇七年頃から、何かこれまでとは違う傾向の生徒と接することが出てきた感がありました。期せずして、通信制高校の業界で、「不登校の陰に発達障害あり」という言葉がつぶやかれるようになりました。

生徒自身に内在する周囲との違和、内向し沈殿する悩み、言語化しづらい（どうしていいのか、どうしたらいいのか、うまく説明がつかない）理由や動機などがうかがえるケースが出てきました。

と同時に、世の中には、定型発達と非定型発達の二種類の人たちがいるということを知ったのです。

非定型発達の人たちが、いわゆる発達障害のある人たちなのですが、そういう生徒が、通信制高校に何かを求めて入学する傾向が、二〇〇六〜七年頃から強まってきたと感じました。

その前から、メンタル不全、精神障害にかかる生徒もいるにはいました。その生徒たちのことも、思い返すと、あの子もひょっとしたら、この子もひょっとすると思えるようになったのが、まさにこの二〇〇六〜七年頃のことです。

その後、各種統計を見ると、**通信制高校における発達障害者の在籍比率**は全日制高校よりかなり高く、全日制は1・8％なのに、定時制は14・1％、**通信制は15・7％となっています**（二〇〇九年三月「発達障害等困難のある生徒の中学卒業後における進路に関する分析結果」より）。

つまり、**通信制高校に在籍する生徒は一〇〇人に一五人の割合で発達障害**ということになります。

こうした数字からも、高校に進学する際、全日制は自分が通い、教室で過ごし、授業を受け、テストをこなすにはハードルが高いということを直感的に感じる子どもたちが、通信制高校に集まる傾向のあることがうかがえます。

アットマーク国際高校の卒業生の南雲明彦さんはディスレクシア（読字障害）で、恐らく日本で自らの障害を告白した最初の一人だと思います。内閣府の「障害者差別解消法」の最年少の委員も経験しています。

彼は一九八四年、新潟県南魚沼郡湯沢町に生まれました。

小学校で他の生徒が当たり前に行う読むこと、書くことが苦手で、他の子どもたちと比べて自分ができないのは、頑張りが足りないからだと思っていました。

頑張り屋でなんとか勉強もついていっていましたが、中学校の後半からは体と心が悲鳴をあげるようになりました。音読や黒板の字を書き写すどころか、文字が揺らいで見えたり、変わった形で見えたりしたため、文字を追うだけで精一杯となり、授業に出るだけで疲労困憊になりました。

指示されたことも覚えていられず、忘れ物やミスも増えてきて、クラスのみんなが見ているところで叱られることが増えてきました。

そして学校に行けなくなるのです。答えの出ないことで悩み、悩んでも心が一向に晴れず、不登校から部屋に引きこもるようになると、やがて強迫性障害に悩むことになりました。そうなると、一日に何度も手を洗わずにはいられなかったり、抑えようとしても抑えられない考えが浮かんだり、ついには自傷行為に苦しむことになり、入退院を繰り返しました。

家族も何が息子を苦しめているのか、どうしたらいいのか、わからず、苦しみました。

そんな日々を経て、二〇〇四年、彼はアットマーク国際高校開校と同時に入学。私は彼が東京で一人暮らしをしているアパートを訪問し、パソコンの設置、インターネット回線への接続までサポートしました。

人のペースに合わせなくても、人の視線を意識しなくてもできる学習で、高校の教育課程を学べることが、彼の自信を回復するためには必要なことだろうと考えました。

その後、二二歳でアットマーク国際高校の学校職員として働いたのち、南雲さんはディスレクシアをはじめとした発達障害に関する啓蒙啓発活動に邁進するようになりました。悩む子どもたち、保護者たちを減らすために立ち上がり、全国各地での講演や書籍を通じて当事者としての声を響かせています。

自閉症作家である東田直樹さんから学んだこと

二〇〇八年四月、自閉症でありながら文字を表してエッセイ集や絵本を著していた東田直樹さんが、アットマーク国際高校に入学してきました。自閉症であることを理由に、千葉県内、東京都内の公立高校からは受験拒否されたそうです。もともと内申書を問わないアドミッションポリシーを打ち出していた私ですから、自閉症を理由に受験を断ることはしませんでした。

とは言っても、実際に受け入れた後で、彼を担当できる教員はいるだろうか。無事に学業は継続できるだろうか。石川県内で行われるスクーリング（面接指導）には来てもらえるだろうか等々、不安がなかったわけではありませんでした。

私は臨床心理士でもある教員を担任に指名しました。メールでのやりとりを通して保護者のサポートも得られれば、高校就学は可能だと判断することができました。千葉県内の自宅での学習を中心にインターネットを使い、連絡をしながらレポート学習、科目ごとの学習成果物提出、そして年に一回の石川県内でのスクーリングをこなしていくことは、定型発達の生徒でも決して楽なことではありません。定期的に、品川にある学習センターに登校してもらうことにしました。

さて、これは東田さんが最初に登校した日の私の日記です。

二〇〇八年年五月三〇日

東田直樹君が、われらがアットマーク国際高等学校に入学して以来、初めての登校日。

東田直樹君は自閉症という障害を持っている。

詩やミュージカルの脚本やエッセイなど多数の著書がある。

品川学習センター初登校にあたって、
「自閉症の僕からのお願い」という文が送られてきた。
◎苦手なこと
◎お願いしたいこと
がつづられている。

パニックになったときは、そっとしておいてください。
という文章に、はっとする。

普通に接する。
特別扱いする。
そっとしておく。
違いに気づく。
人間関係の基本の、繊細な極微の奥の奥に瞠目させられる名文に接することができた。

東田直樹君の初登校日は私にとっても鮮烈な日になった。

東田さんがいた三年間は、私にとっても、教職員にとっても本当に思い出深いものでした。

彼の著書の中で、こんな箇所があります。


……幼稚園児の頃、「僕はもう死んでしまった方がいい」と考えていたそうですね。その思いをどうやって乗り越えたのですか。

「乗り越えてきたわけではありません。種をまいた花が芽を出し、茎を伸ばし、やがてきれいな花を咲かせるように、このままの僕でもいいという気持ちが育っていったのだと思います。それは、家族がいつも僕を特別扱いせずに叱ったり、ほめたりしながら、僕を家族の一員として育ててくれたからだと考えています」

私たち教職員も、東田さんと保護者に対して合理的配慮の要請やリクエストがないときには、特別扱いすることなく接することを心がけていました。

時は過ぎて、二〇一三年一〇月四日、われらが卒業生、東田直樹さんへの功労賞授与が理事会全会一致で決定しました。

当時の授与の理由は、彼の著書『自閉症の僕が跳びはねる理由』の英訳書がイギリスで出版され、今後アメリカ、カナダ、ブラジルでの発売も決まっていることから、後進に希望を与え、社会に大きな啓発、貢献をしていることです。

その後三〇カ国以上の国で同書が翻訳出版されました。

英文の翻訳本の題名は『THE REASON I JUMP』。

映画『クラウド・アトラス』の原作者として有名な作家デイヴィッド・ミッチェル氏が翻訳したこともあって注目され、英国アマゾンのベストセラーランキングで1位を獲得したことが昨日の出来事のようです。

東田直樹さんの登場は、東田さんとご家族の栄光だけでなく、言葉を通した自己表現、意思疎通を閉ざされた自閉症者とそのご家族に、希望の火を灯した点において歴史的な偉業だと私は思います。

二〇一三年一一月六日、東田直樹氏学校功労賞授与式の日の私の手記です。

賞状、記念品などの授与ののちの、東田直樹さんの記念の挨拶

（記念挨拶が始まる前、教室を急に飛び出してしまった東田さん。お母様によって会場内に連れ戻される）

その原文

（東田さんは、紙の、文字盤に指をあてながらゆっくりと発語していく）

今日は僕のためにこのような会をして下さって、ありがとうございます。

僕はとても感激しています。こんな態度しかできなくて、恥ずかしいです。

けれども、これが僕の精一杯の姿です。

僕が伝えたいのは、人はみんな自分らしく生きてこそ、幸せになれるということです。

それとは別に、人間の本質が見かけだけでは分からないと思うことです。

僕はアットマーク国際高校に入って、学ぶことができて、本当によかったです。

もしもこの学校が僕を受け入れてくれなければ、今の僕はなかったでしょう。

(ここで会場内にあるオルガンに注意が引かれ、挨拶の席を離れてオルガンを触りだす東田さん。しばらくして落ち着きを取り戻し、挨拶の席に戻る)

すみませんでした。

僕はこんな風に自分のこだわりと折り合いをつけながら生きているのです。

みんなが、できないことがあっても頑張っているように、僕も自分の混乱とぶちあたりながら、これからも頑張っていこうと思います。

終わり。

(挨拶ののち、会場内は静かな余韻に包まれた)

世界中の人が東田直樹氏の才能に気がついてしまった。

彼の書いた本『自閉症の僕が飛びはねる理由』(英文題名…The Reason I

Jump）が世界の言語に翻訳された。

特に欧米圏では、自閉症者の内面世界への関心はひょっとするとわれわれ日本人よりも強いのだろうか。

少なくとも偏見の量は少ないだろう。

自閉症者が持つ特異な感性が彼のおかげで言語化され、それが世界中の言語に変換され、知られる過程でいろんなドラマが待ち受けているだろう。

自閉症者であるわが子の声が聞きたい、もっと話がしたい、と願う親はこの世の中にたくさんおられるだろう。

それらの人に希望の灯になるだろう。

自閉症者が持つ繊細な感性の上に、獲得した文字、文章力、文字盤リテラシー、パソコンスキル。

文字をあらかじめたやすく手にした定型発達者が持ち合わせていない想像力や感性を、しまいこんだ引き出しから縦横無尽に引き出し、表現できる東田直樹氏。

文字盤に指を置き、言葉を紡ぎ出し、発語していく様子に誰もが目を見張り、息をのむ。

在校生も教職員も新聞記者も、みなが直樹氏の一挙手一投足を目で追い、耳を澄ました。

われらが高校在籍中に十分な時間を自己表現につぎ込むことができた。

記念講演では、「この学校に入れなかったら、いまの自分はありません」とまで言い切った直樹氏。

担任だったF先生（育休中）も駆けつけてくれた。

この時間、永遠に続けばいいのに、と思ったのは私だけだろうか。

なんと幸せな時間であることか。


当日の私自身の興奮ぶりが伝わってくる文章ではありませんか。

授与式からさかのぼること五年前。二〇〇八年に、「高校では本をいっぱい読みたいし、数学もまずは高校1年生レベルまでマスターしたい」と、いろいろな願望や期待を持って私どもの学校（アットマーク国際高校）に入学してくれた東田さん。最初、私の目の前に来た時は、同じフロアの部屋をのぞいたりして落ち着かない様子でした。

一般に自閉症の人たちは、「人に対して関心を持てない」とか、「愛情不足」「愛着不足」などといいます。

でも、東田さんは著書の中で、こんなことを言っています。

僕は人に関心があります。小さいときからあります。ただ、人をまともに正視できない、人の目を見れない。人がいると、いてもたってもいられなくなる。それは、自分たちの傾向である。でも、家族の愛情は感じていたい。お父さん、お母さんが仮にも、悲しそうな表情をしていると、僕のせいだと思って、自分を問い詰めて、思い詰めていたかもしれない。けれど、僕の場合、親がたまたま自分がどこにいても暖かく見守っていてくれたので、今の自分があります。

お母様の美紀さんも講演会の時に、こんな話をしていました。

「直樹が、〝僕はずっと、みんなみたいな良い子になりたかった〟という気持ちを筆談で伝えてきた時、親として胸がつぶれる思いでした」

直樹さんもこんな話をしてくれました。

「両親は、僕を全力で愛してくれた。一番つらかった時代、どんな僕であっても、受け止めてくれた両親のおかげで、このままの自分でもいいと、僕は思えるようになった」

さらに、東田さんは、こうも言っています。

「自閉症の子どもたちは、原始生活、非文明社会においては、世の中を照らす役目だった。」

森の中の生活で、危険が迫っていることにいち早く気づくのが、この自閉症の人たちである、と。いわゆる、感覚過敏とか、直感とか、第六感とかが働く人たちが、総じて自閉症的な傾向を持っているのです。

「なぜ、僕が原始人のような性質をもったまま生まれたのかはわかりませんが、原始人の見ていた世界を、僕は体験していると思います。

僕は、原始人が現代人より劣っているとは思いません。現代人がなくしてしまった原始人の素質を、僕が受け継いでいると考えれば、少し楽しい気分になります。」

（『自閉症の僕が跳びはねる理由２』角川文庫）

今後、東田さんが太古の記憶を手がかりにどんな文章を表すのか、楽しみです。

廃校に新たな命を吹き込む～福岡県川崎町町長との出会い

東田さんたちとの出会いによって、二〇〇八年、新たな学校を創設しようという気持ちを持つようになりました。

なぜなら、通信制高校における専門性を高めないと、時代に追いついていけないし、ましてや親御さんの願いにも応えられないと考えたからです。

「発達障害に特化した通信制高校が必要だ」「教職員体制をもう一回作り直そう」と思い立って設立したのが、**明蓬館高等学校**です。

創設は二〇〇九年。一年でできました。

願えば叶うと言いましょうか。私も実はもともとADHDを自認しているので、決断には時間を要しません。いろいろと考え、悩みますが、最後は自分の直感に正直に決断し、すぐに行動してしまうタイプなのです。

新たな学校の創設を考えていた頃、本当に偶然にも、福岡県田川郡川崎町との出会いがありました。

手嶋秀昭町長から、こういうお誘いを受けたのです。

「廃校が二つあるんだけど、日野先生、使ってみませんか？」

それからは、とんとん拍子に国の特区申請が通りました。

もともと、高校のなかった町であり、少子・高齢化に悩む地域の活性化に貢献するとあって、地元から「川崎町にとって、明蓬館高校が必要だ」と口添えいただけたので、内閣府のほうでもスムーズに設立を承認していただくことができたのです。

本当に奇跡的です。嬉しかったです。

開校にあたり、川崎町の町議会議員など、地元の名士に集まっていただいて、入校式、入学式をやりました。

それはもう、昨日のことのように思い出します。

川崎町はこれまでにも、特別支援学校を誘致するなど、障害に対して理解のある町長と教育長がいらしたのですね。

ですから、廃校になった校舎を気前よく提供していただき、改装工事まで町がしてくださいました。

明蓬館高校の本校は、通学できる場所として、筑豊の子どもたちを中心に約百名在籍しており、毎日、数十名が登校しています。

また近年は、九州全域や沖縄に住む生徒も入学し、在籍しています。普段は「ネット生」としてリモートで担当と連絡を取り合い、それぞれのペースでスクーリング(面接指導)のために本校に来ています。

来校していただくとわかりますが、里山があって、自然豊かなところです。

とはいうものの、交通が不便な場所で、開校当初は「ここに登校する生徒はまずいないだろう」と、思っていたのですね。

ところが、コミュニティバスを乗り継ぐなどして、福岡県内のあちこちから生徒たちは毎日通学しています。

私たちにとっても、これは本当に想定外でした。

行政の支援で宿泊環境施設、給食環境施設も整備していただいたので、調理実習も可能となり、みんなで給食や食事を作ることもできます。二段ベッドや畳の部屋なども設置いただき、入浴施設もあって、至れり尽くせりなのです。

感謝でいっぱいです。

第4章　インターネットを活用した授業の利点

博多ラーメン店「一蘭」に入ったことありますか？

明蓬館高校での普段の学習は、インターネットを使用しています。

一斉に教室で勉強することに苦難と挫折を経験した子どもたちにとっては、「ネットがあれば学習できる」という機会が大きな福音なのです。

入学時には、生徒一人ひとりにＩＤが与えられるので、設定したパスワードを打ちこむと、その生徒だけにカスタマイズされたマイページの画面が出てきます。

そこから、教師や他の生徒とのコミュニケーションが取れるようになっています。

ちなみに、みなさんは、「一蘭」というラーメン屋さんに入ったことがありますか？

九州・博多の有名なラーメン店ですが、私は大好きなのです。

あのお店は、発達障害の人たちに対して、最大限の配慮をしている気がして仕方がありません。

というのも、食事する時は、ブースで囲ってあるので、人の目線が気にならないのです。店員さんの顔も見えないから、突き出しやトッピングなどの注文も紙に書いて渡すと、「ハイ」と言って、持ってきてくれる。とても利用しやすいのです。麺の硬さ、量、スープの種類ももちろん細かく注文を出せます。曖昧さがないためコミュニケーションのミスが生じないでしょう。

これだと、発達障害の人も店員さんとして働くことができるし、お客さんとしても、もちろん入りやすい。

私どもの学校もそれに近いものがあって、画面を立ち上げれば、受けたい授業を選ぶことができます。今日はこのネット授業を観ようとか、この先生にわからない点を尋ねようとか。

今自分が提出できているレポートの進捗状況も確認できます。

操作の時に触るのは主にマウスです。GUI（グラフィカル・ユーザー・インターフェイス）といって、キーボードを操作しなくてもマウスで操作したその場で画面が変わり、サクサク感が高いものです。

パソコンだけでなく、タブレット、スマホにも対応し、ウィンドウズ、アップル、アンドロイドにも対応できるようになっています。

生徒間のやり取りもできますし、生徒同士の部活動なども画面上でできます。

たとえば、「昨日、こんな漫画を描いたんだ」と言って、スキャナーで取り込んでアップすると、生徒同士が見て評価し合ったり、いろんなアイディアを共有したりして、さまざまに活用することができます。


では、普通の教室の中では、なぜ勉強ができないのでしょうか？

それは、先生によって、言うことが違ったりするからなのです。特に、中学校からがそうです。教科、科目によって、いろいろな先生が出たり入ったりする影響もあります。

「ここをちゃんと読んでおくように！」

なんて言う先生がいたかと思えば、他の先生は、

「そこじゃなくて、ここを事前に読んでおくように」

と言う。

普段の学習

Webを最大限に使用したコミュニケーション、マウスタッチを重視し、サクサク感を重視したシステム

入学時にIDが与えられ、その生徒だけにカスタマイズされてたマイページ上（バーチャルスクール）で
教師や他生徒とのコミュニケーションが取れる。

「教科書をきちんと片づけて、机の中に仕舞うように」

と言う先生がいたかと思えば、

「何で机の上に出しておかないんだ！」

と注意する先生がいたりする。

本当にいろいろなことを言う先生がいるものですから、誰を信用していいのか、わからなくなってしまうのです。

字義通りに言葉を受け取ってしまいがちなＡＳＤの生徒たちは、頭の中が混沌としてきます。

おまけにこなしていくカリキュラムが多く、授業が慌ただしく進んでいきます。

「ちょっと待った」という声はかき消されていきます。

一部の教科をのぞいて同じ先生が教えていた小学校と違う状況になる中学校から、教室での生活が過ごしにくいと訴える子が多くなるわけです。

教室では、授業以外にホームルーム、昼食の時間もあります。しかも、いろいろな声や音が飛び込んできて、休憩時間になっても、じっとしていられない。周りがザワザワしている。

オフィシャルでない生徒間の情報網もあり、それにはじかれると疎外感を感じることが増えてきます。

そうした中に身を置く当事者の子どもたちに、今までどれほどの配慮がなされてきたのか。われわれ学校関係者は、考え直さないといけません。

eラーニングで勉強はほとんど事足りる、むしろ集中できる！

ネットの授業では、各単元別の授業を「教科書の何ページです」と参照しながら進めます。レジュメも用意されていますし、巻き戻しも何回もできます。

耳からも情報が入ってきますし、目からも入ってきます。手元の教科書も見ることができるので、このほうがより学習ができます。

中学校の基礎講座も科目としてあるので、それを見れば、中学時代のおさらいもできるのです。

中学時代に不登校だった子が、私どもの学校に入学してきたのですが、一学期中に中学の科目をほとんどやってしまって、不登校だったことが気にならなくなったと語ってくれたことがありました。

各単元別の授業というのは、ネット授業があれば、ほとんどできるのです。

それでも物足りなければ、「マイプロ」のテーマとして、副教材を用いた学習に取り組む生徒がいます。

マイプロは、生徒の好みや興味・関心を教科の学習に活かすための明蓬館高校オリジナルのカリキュラムです。マイプロジェクト、マイプロデュース、マイプロダクト、マイプロフェッショナルなどの意味を持ちます。やらされ感のある「受動的な学び」ではなく、「積極的、能動的な学び」を促進する成果物学習です。

定評ある教材会社の副教材や定評ある模擬試験に取り組むことも推奨しています。

リクルートのスタディサプリという教材があります。

私はかつて、そのリクルートに勤めていたのですが、小学校、中学校、高校の各単元別の講座が購入しやすい料金で利用できる優れた教材です。

現在、ハーバード大学をはじめとして、世界中の大学がこうしたネット授業をユーチューブなど、独自のプラットフォームで配信しています。ＭＯＯＣと呼ばれるものです。

なぜそうしているかというと、彼らは世界中の英才、優秀な頭脳を集めたいので、タダでネット授業を配信しているのです。ハーバード大学、マサチューセッツ工科大学（ＭＩＴ）、カーネギーメロン大学など、名だたる大学もネットで授業を配信しています。

もちろん、無料です。

ただし、授業に対する質疑応答に関しては、条件があり、本当に勉強したかったら、実際にハーバードやＭＩＴに入学しなければいけません。なので、結果的には、入学を促すための餌を撒いているということになるのですね。

Yahoo、Google などの検索サービスにより、知の世界は一挙に情報公開、大衆化が進みました。高等教育機関が知的領域を支配することができず、ネットを通して全世界の人たちが知的領域に簡単にアクセスできる世界になっています。

今後、世界の潮流から見ても、対面による授業はますます減ってくるでしょう。学校全般で、将来的にネット授業が主流になると思います。インターネットで授業を受けた後は、学校や大学に登校し、みんなでディスカッションをしたり、研究したり、成果を発表したりする。まさにアクティブ・ラーニングです。

SNEC（スペシャルニーズ・エデュケーションセンター）の開設

二〇一三年に、東京の品川・御殿山に高校としては初めての特別支援・補習センター、通称SNEC（スペシャルニーズ・エデュケーションセンター）を開設しました。

ビルの二階フロアには、学習スペースと面談スペースがあり、三〜四人の授業ができるスペース、保護者との面談、相談の専用スペース、休憩コーナーがあります。ゾーニングと呼ぶのですが、平面を物理的に構造化することによって、生徒たちが

品川・御殿山SNEC
（スペシャルニーズ・エデュケーションセンター）

安心でき、集中でき、自己肯定感・共生感を感じられる場所

生徒と保護者の笑顔に出会える場所

1.個性や違いや障害を尊重し合える場所
2.困っている時に仲間や先生に助けてもらえたり、支えてもらえる場所
3.安心して、好きな学習や得意な学習に挑戦できる場所

居やすく、過ごしやすい工夫を施しています。

家の中はそれぞれのスペースに役割、機能がひも付けられています。ダイニングルーム、リビングルーム、個室、寝室というふうに。ところが、学校では多くの時間を過ごす教室空間の機能が曖昧なままになっています。

発達の課題のある子どもたちにとっては、一つの教室の中で何もかもが行われてしまうことは苦痛でしかありません。要領よく立ち回るのが苦手で、さまざまなルール、変化に対応することができないからです。

検査結果を次なる支援計画に活かすことが重要

では、SNECの特徴をいくつかご紹介しましょう。

まず、心理検査体制を整備しています。

特に、WISC-V、WAIS-IV、KABC-IIが三大基本心理検査なのですが、これらの検査は欠かさず、入学した生徒はブランクがないように受けてもらっています。

その理由としては、心理検査の結果次第で、将来、障害者手帳を取得するか否かの話し合いのステージに乗れないからなのです。

検査結果には、生徒の言語面や行動面における課題、強みや弱みなども表れます。**心理検査は、生徒自身を正しく理解するための材料をたくさん提供してくれる道具**でもあるのです。それを支援に活かす。使わないと損なのです。

とはいえ、中学、高校にかけては、本人が嫌がるのですね。検査って、聞いただけで嫌だと。親御さんも嫌がります。

自分をよりよく知る道具、学びづらさの正体を突き止める道具であるとアサーティブに（相手も尊重した上で、誠実に、率直に、対等に）、生徒や保護者自身が得することを説きます。結果が出た後の使い道を説きます。生徒と保護者が助かる面を説きます。

これまでもスクールカウンセラーや教育センター、発達支援機関から勧められていったんは「じゃあ、受けてみよう」という気になったにもかかわらず、日が経つとその気が失せた、という話をたくさん聞かされました。

われわれアットマーク国際高校、明蓬館高校でも、検査を勧めてようやく納得してもらえたことはあります。

大学病院に予約したら、検査は四カ月先と言われ、「もう、嫌になってしまった」というケースをたくさん見てきました。

「心理検査のハードルをいかに下げるか」ということが、私の大きな願いだったのです。ですから、念願久しく誕生したＳＮＥＣでは、いつでも心理検査が行える体制にしたのです。


ただ、これらの基本心理検査は、実は間違った運用がなされていて、ＷＩＳＣは、ＩＱをはかる道具であると洗脳されている保護者、先生方も多く存在します。

それは違います。

この心理検査に基づいて、次なる支援計画が始まるのです。

だから重要なのですが、よくあるケースとしては、公的な心理発達センターや発達障害支援センター、教育センターなどで実施検査を受けて、報告書を見せてもらったものの、結局、渡してもらえなかった。さらに、単なる数字の羅列や棒グラフだけで、ほんの一〇分くらいの説明しかされなかったという例です。

正直、「覚えていません」というお母さん方も、とても多い。

心理検査においては、非常に残念な運用が多いので、SNECでは正しくステップを踏んで検査を行い、その結果を次の個別教育支援計画に応用しています。

個別教育支援計画（IEP）は、貴重な高校段階での羅針盤

個別教育支援計画、いわゆるIEPですが、SNECでは、必ず提示することにしています。

保護者のことをリクエストを出す人（リクエスター）とし、生徒のことをニーズを提供するニーザーとして位置付けています。障害特性を持つ人はスペシャルニーズを持つ人です。建築物で言えば、その人仕様の「設計図」があって当然です。

航海で言えば、羅針盤になります。そこには進行表と進行台本、役割分担表が書かれるものです。

逆にいうと、設計図なしで建築に取りかかるとすれば工程やかかわる人や材料、そもそも建物の心臓部、機能、それを実現するための方法、手段などが明確になっておらず、役割分担もはっきりしないまま、思惑違いが次々に露見してくるのが必然です。

欧米では、障害を持つ児童生徒には必ず個別教育支援計画が立てられ、関係各位で合意を取り結ぶことが法制化されています。そうした経緯とその必然性にはこうべを垂れなくてはなりません。意味、意義があるからです。

入学前から、生徒本人、保護者からの聴取、これまで教育、療育、医療などにかかわってきた方々からの聴取も行います。

アセスメントも計画化し、実施していきます。

IEPを作る上でも、学校の教職員間と、また保護者との間で共通理解を図る意味でもアセスメントは欠かせません。

学習面は支援計画、指導計画。行動面の支援計画。対人関係面の支援計画。年に一度の本校（福岡）スクーリング参加にあたっての準備計画、就労もしくは進学に向けた支援計画も重要です。

また、手帳の取得も含めた、行政からの相談支援、計画相談から始まる支援を頼むための手立ても計画化し、進めていきます。


余談になりますが、ＩＥＰは、小学校、中学校段階でそもそも親が要求してよいものです。

平成になってから、文部科学省からの通知書や各種ガイドラインで、障害のある生徒に対して、学校が個別教育支援計画を出すことは半ばルールとなっています。

しかしながら、必ず出さなければいけないという義務事項にはなっていないため、保護者の要望があれば出す、という独自の運用規定を定めているところがあるのが実情です。

そういう実態なので、これは親が要求しないと出てきません。

校長先生の中には、養護の先生やスクールカウンセラー、特別教育支援コーディネーター、学年主任から情報を集めて、校内委員会を招集して、支援の必要な生徒をはっきりさせ、情報を収集し、共有化し、「この子にはＩＥＰを作り、運用しましょう」と指揮する、立派な人もいます。

ただ、そういう校長や校長を支える副校長、教頭がいない学校では、ほとんど運用されておらず、おざなりのＩＥＰが数枚書かれて、副校長先生預かりの金庫の中にしまわれていたりします。

個人情報の取扱注意ということで、誰も見たことがないという現状もあるのです。ですから、親が要求しないと何も変わりません。堂々と要求していただきたいと思います。

脳の状態がアンバランスな時期には、無理な集団生活はさせない

教師の姿勢の中には、未だに、集団への参加による圧迫的刺激の必要性、集団に

入らないと成長しない、といった思い込みが見られます。

子どもたち同士も、「あの子は集団に入れない子」と、発達障害の子に違和感を抱いて眺めているところがあります。

集団参加に対しては、思春期は特に違和感が生じやすい、難しい子が増えてきますので、あまり無理な集団参加をさせないことです。

ここでも、キーワードは自己選択ですね。

自分が所属したい集団を考えさせて、「自分でここに行きたい」というように思わせ、言わせないと、体だけ移動させても、二次障害、三次障害が出やすいのです。

なので、**無理な集団参加はさせない**ことです。

特に、同年代の呪縛というか、価値観の同質化傾向がより強まるのが、中学1年、中学2年、中学3年、高校1年なのです。

これは、脳の構造上、世の中に対して「違和感があるものをはじく」という傾向が起きやすい時期でもあります。

すなわち、思春期のホルモンと成長ホルモン、発達障害のせめぎ合いの中で、異分子をはじくという傾向が人生の中で一番強く出てくる。それがこの時期なのです。

これは、脳のバランス上の問題ですね。

とりわけ、倫理判断、善悪の判断が人生の中で一番しにくいのが、この年代です。

しかも、特に同年代に対しては、攻撃的になりやすい。

ですから、発達の課題を持った子どもは、この時期、「避ける、よける、逃げる」ということを積極的に選択したほうがいい。

同じ子で、あれほど同年代に対して攻撃的だったのが、大学生になって社会に出ると、あの時は一体何だったのかというくらい、治まってくることがある。

不思議なものです。

脳科学者も言っていますが、「脳が一番アンバランスな状態になるのがこの年代である」そうです。

大人になってみると、同年代の檻の中で生きていくことって、人生において、そんなにありませんね。

「同年代でうまくやりこなせないといけない」というのは、単なる幻想である可能性が高いのです。

社会に出れば、ほとんどの人が、異年齢です。同年代だけで、毎日一緒に五時間も六時間も過ごすことはありえません。なので、そういうスキルは役に立ちません。キレイごとを言うつもりはありませんが、同年代でうまくやらなくてはいけないという、**同年代スキルに対する幻想は捨てましょう。**

そのほうが楽です。精神的に楽になります。

人生に無駄なものはなく、すべてに意味があると考える

良いことも悪いことも、すべては運勢が正しい方向に向かうための必然です。

止められたり、逆戻りしたり。

順境の後に逆境あり、逆境があれば順境あり。

わが校に入学して、生徒たちが変わる瞬間があります。

手を伸ばし背伸びする音、「さあ、やってみるか」と小声でつぶやく声が聞こえてくるときです。

小さな階段を一歩ずつ上っていき、しばらくすると歩幅を伸ばせるようになる。

二歩大またぎで、上っていけるようにもなります。

小さな階段を用意し、準備し、確実に上れて、上れたら間髪を入れるこ

となくわが事のように喜ぶ。

そうして少しずつ少しずつ階段を大きくし、より大きな達成感と満足感を感じられるようにしていく。

そのうち、生徒たち自身が階段を思い描き、つくれるようになります。

そんなときのわれわれは、その階段をさっそうと上っていく生徒の様子をまぶしそうに眺めるだけです。

われわれ大人たちは、子どもたちの中に内在する、あるべき種子が芽を出し、茎を伸ばし、花を咲かせるのをそうっと支えるべき存在なのかもしれません。

左脳で考えればできない理由ばかり並べ立てて、初めから挑戦しないことでも、安心安全な環境と支援と伴走をしてくれるチームの存在に気付けるだけで、殻を破っていくのです。

テストなどでは表されない非認知能力が発揮されると、普段できないことでも、思わぬ力が湧き出して一見簡単そうにできてしまうのです。

未曽有のコロナ禍の中であっても、子どもたちの中に種は宿っていると思う気持ちが、さらに強くなりました。

停滞も、後退も、休憩も、挫折も、失敗も、蹉跌も、長い人生の上ではすべて意味があります。

得がたい経験は、特異性のある人生の彩りとなり、希少性の高いスキルやキャリアとなる場合さえあります。

第5章

「学びにくい」とは何なのか

～発達の課題を持つ人の高校の選択肢

特別な支援を必要とする子どもの高校の選択肢は？

高校における、特別な支援を必要とする生徒の選択肢には、全日制、定時制、特別支援学校、通信制があります。

全日制は生徒のほとんどが選択することもあって、やっていける自信がないと言いながら、学校のレール、進路指導に乗ってしまう。どうしても、この流れを排除できないという状況があります。生徒自身も全日制に対する憧れがあって、全日制に行きたがる傾向があります。

しかし、中学校の高校進路指導の現場では、標準偏差値とか、内申点で、機械的に進路が決められてしまうという印象があるのも事実です。

一方の定時制は、今は三部制になっています。チャレンジスクールと名を変えて、内申書いらずの学校さえあります。一部、二部、三部に分かれ、夕方からの登校も可能ですし、クラスルームのわずらわしさを回避できるようにもなっています。

ずい分と柔軟性が増しています。

また、生徒自身が「自分がしたいことがある」「たまに学校に行けばよい」「クラスルームがあるようでない」「通学は朝と昼、どちらでも選べる」等々の点を重視するならば、通信制のほうが自由度は高いと言えます。

特別支援学校については、よく知らずに入学して、普通科目の履修ができない、後で高卒資格が出ないということに気づいてしまったということもあります。

特に、学び続けたい、好きなことがある、好きな勉強があるという生徒は、特別支援学校には学ぶ環境が用意されていないので、悶々としてしまうことがあります。

中学ではなかなか勉強ができなかったから、高校では勉強をがんばろうと思い、入学してショックを受けるというケースもあります。

発達障害の子どもの高校進学における最大の課題は、仮に進学できたとしても、高校は厳密には義務教育ではないので、特別支援学級、通級指導学級がないことです。

基本的には普通級であり、通常級です。

その中でどれほど、わが子の障害特性、認知特性、学習特性の配慮をしてもらえるかは定かではないということです。

結局のところ、高校においては、支援学級がない、特別支援学級がない、通級指導学級もないというのが、最大の課題だと思います。

※特別支援学校の中には、高校教育課程に基づく高校単位取得可能なところがあります。また普通科、工業科、商業科などの全日制高校の中には、特別支援学級設置の特例的研究開発を行うプロジェクトも進んでいます。よくお調べになるようお願いします。

「学びにくい」のは、子どもの学べる環境を選べていないから

では、「学びにくい」とは何なのかを、一緒に考えてみたいと思います。

学びにくいとは、「一斉授業になじみにくい」「一律的な試験になじみにくい」「教材、教科書が使いにくい、よくわからない」という意味で捉えている方がほとんどではないでしょうか。学びにくいのは、わが子のせいだ、うちの子が特別だからな

のだと……。

私は、それは違うと思っています。

親御さん方は、どうしても、「うちの子がそうだから」と思いやすいのですが、学びにくいというのは、「子ども自身が学びやすいと思える環境を選べていない、選ばせていないから」なのです。

あるいは、周囲の大人がその子の特性に応じた学びの環境を持つ、いくつかの選択肢を用意できていない。

つまり、「自己選択ができない」ということなのです。

学びにくいのは、本人のせいではなくて、周りの大人のせいだと私は思っています。

親はどうしても、他の子と同じように、普通の環境を求めやすいし、刹那的なウォンツに基づいたものを求めてしまいがちです。

ですが、刹那的なウォンツとニーズとは別のものだと思います。

ニーズというのは、世の中にまだ現れていないものです。子どもの目の前にないものが多いので、選びようがないし、本人の口からは当然出てきません。

たとえば、「授業が嫌い」と言ったからといって、本当に授業に出たくないかというとそうではなくて、学びたいものはちゃんとあるのです。

学びたいものが教室の中になかったり、教科書に書かれていたとしても、すぐに探しきれなかったりしているだけなのです。

目の前の子どもたちが言っていることを真に受け過ぎず、本当にしたいことを探ってあげる。そういう態度が、大人にも必要だと思います。

依存できる人、依存できる対象を増やしてあげること

ということは、自分の力だけではできなくても、他人の支援があれば問題は解決できるわけです。

「他人の支援があればできること」を増やす。そういう環境を、高校の中で作ってあげるのです。まだまだ遅くはありません。

他人の力があって、できることを増やせる環境を選ぶ。

少し難しい表現になりますが、**自分ひとりでできることを増やすより、多くの他人の力を使って、自信を深めていく、スキルを増やしていく、手立てを増やしていくようにするのです。**

高校での自立とは、本人ができることを増やすのではないのです。依存できる少人数の人と巡り合うことでもない。依存できる人、依存できる対象を増やすことなのですね。

そして、他人のいろいろな力を得ることによって、できることを増やしていく。

それが、高校の段階における、特別支援教育の最大の鍵なのです。

他人の援助があって、できることを増やす。それに尽きます。

依存先を増やす、依存できる大人を増やす。そのために、ＳＮＥＣでは支援計画を作成し、取り組んでいるわけなのです。

そして、高校段階でどういう依存できる人を増やすか、増やせるかということですが、学校と家庭だけでなく、福祉、医療に加え、地域（行政）、就労を視野に置いた企業があります。

行政も高校段階の特別な支援が必要な生徒には、受給者証、障害者手帳取得も相談支援の対象として、計画相談のテーブルに積極的に付いてくれます。求めれば提供される公的サービスは、かつてなく増えています。

SNECでは、相談員を中心に行政の担当部署、担当者とつながり、保護者も含めたケース会議を定期的に開催できる関係にまで進むケースが増えています。


親御さん方からよくお聞きするのは、「小学4年の時のあの担任の先生はすばらしかった。しかし、5年の時の担任は最悪でした」「中学2年で校長先生が替わってから……」といった言葉です。

「あの人がいなかったら……」「あの先生が産休に入ってから、うちの子がおかしくなったんです」等々、学校で起きたさまざまな出来事を聞かされますが、学校の先生、担任に関しては、当たりはずれの議論を聞かされます。

わが子の運命をたまたまの偶然に任せている、サイコロの出たところ勝負のよう

生徒の自立に向けた連携を推進

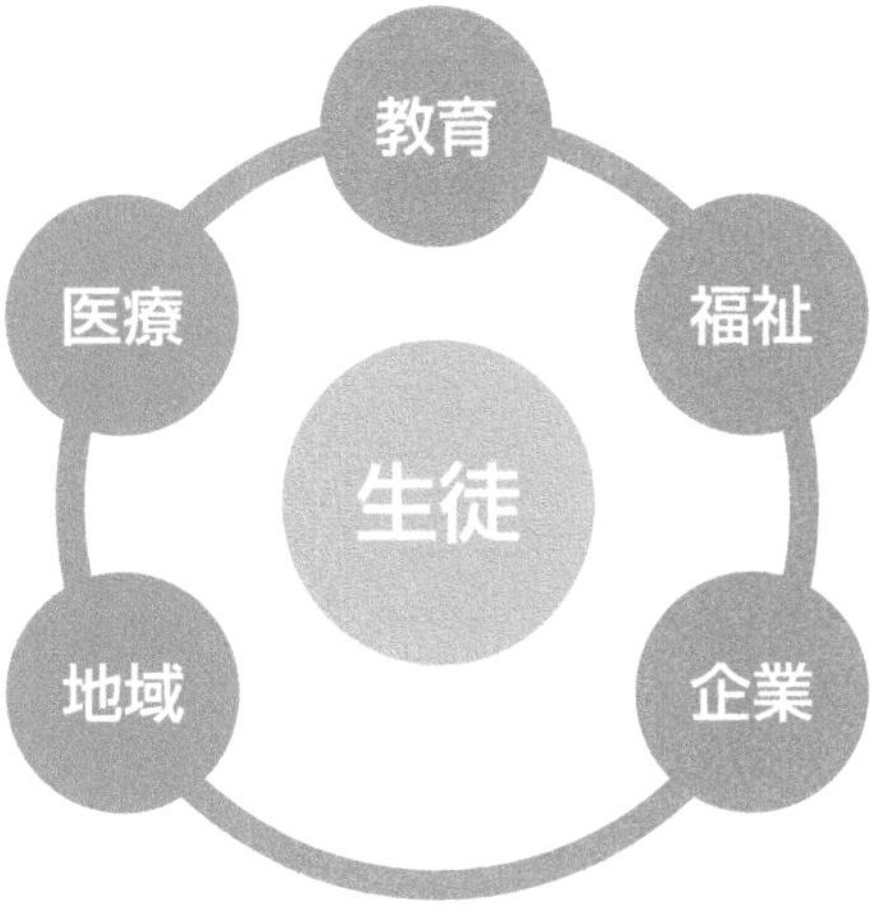

専門的、経験豊富、バラエティ豊かなスタッフを配置

SNECでは……

- 「教育」「医療」「福祉」的な視点での支援
- 「地域資源」や「企業」との連携
- 最先端の新しい教育

これらを実現することができます。

な光景に見えます。

ですので、そうした思いをさせないように、ＳＮＥＣでは、生徒と保護者が依存する、依存できる教職員を増やし、役割・機能別のチームで動いています。

担任も毎年替えています。社会に出た後の人間関係は誰も自分の思い通りにできません。三年の間にいろいろな支援員と教員の担任を経験することで、一人に依存しなくても大丈夫と思える自尊感情が定着していきます。

言語環境を見直して、自分の脳を騙してみる

支援環境の基礎、極意として、私どもが行き着いたのは、言語環境です。

学校でも、家庭でも、「言語環境を見直す」ということをしていただいています。

昔、ある指導者に、こういうことを言われました。

「日野さん、自分で、自分の脳は騙せるんだよ」

「自分の脳なんて、他人みたいにおっしゃいますね」

スキル別のSNEC職員配置

コーチング、ティーチング、カウンセリングの違い

	コーチング 支援員	ティーチング 教員	カウンセリング 相談員
テーマ	自己目標設定 自己選択・決定 目標達成 自己実現	知識の伝授 アカデミックスキル指導 目標達成	心理的安寧 癒し 回復
考え方	答えは当事者の中にある 引き出す	指導 アドバイス リード	指導 アドバイス リード
焦点	主に未来	過去、現在、未来	主に過去
生徒・保護者との関係	対等 発問者・傾聴者 支援者・伴走者	指導者 教育者	支える人

と言ったら、

「いや、自分の脳がすべての行動を決めるんですよ。自分の脳が考えることは、行動とか、考え方とか、他人に対する関係性を決めてしまうんです」と。

つまり、その方が言うには、自分の脳に良い言葉のシャワーを浴びせていると、考え方も変わるし、行動も変わってくるらしいのです。

いわゆる、口癖が変わると習慣が変わる、習慣が変わると生き方が変わる、生き方が変わると運勢が変わる、と言われることに通じますね。

「自分の脳は、別の生き物だと思って、騙してかかったほうがいい」とも話していました。

その時は、私は、「何だろう？ よくわからないなあ」と言葉の意味を会得できませんでした。

しかし、この仕事に就いて、ようやってわかってきたのは、日頃から、「良い言葉を使う、自分に良い言葉のシャワーを浴びせ続ける」ことによって、他人との関係性も変わってくるということだったのです。

「○○しないとダメ」「きちんと、きちっと」は禁句中の禁句

学校現場でよく使われる、ネガティブ・ワードがあります。

「何で○○したんだ？」「○○が問題だよね」「どうせできないでしょ」「きちんとしようよ」「ほらね」「○○しないとダメだよね」等々…。

ちなみに、**「○○しないとダメ」というのは、私たちにとって、禁句中の禁句です。**

「○○しないとダメ」って、当事者である子どもたちに尋ねてみたらいいと思いますが、まるで理解できません。

「○○しないとダメ」「○○とかしちゃダメ」などは、まったく伝わらない言葉です。話している本人もわかっていない。私たちもわかっていないケースがあります。

対案が出せないので、安易に使っているケースが多い。

「きちんと」「きちっと」、これも使わない。もう禁句です。

「きっちり」「しっかり」というのは、言った本人の自己満足でしかありません。

無造作な言葉を使ってしまうのは、生徒にとって、本当に気の毒です。

では、どうすればいいのでしょうか。


私はよく、中学校に行って、ズカズカと授業風景を見せてもらったりしているのですが、ある時、東京都内のある区のある中学校で研究授業を見学に行く機会がありました。

そうしたら、五〇分の授業の間、先生が三八回も「きちっと」を使っていて、びっくりしました。

生徒たちは聞いたふりをしていますけれど、まず、理解できていないですね。

そもそも、生徒たちによって、「きちっと」の中身が違うのですよ。

この子に対する、「きちっと」はこの三つだけど、この子は五つ言わなければならない。あるいは一〇個、言わなければいけなかったりするのです。

となると、考えながら、言葉を選んで使う必要が出てくるのです。

特に学校現場では、無造作な言葉が非常に多すぎる。ひょっとすると、それを受

すべての支援環境の土台にあるもの

自分の脳だって暗示にかけられる、脳はポジティブな言葉を栄養にしたがる、生徒たちはポジティブな言葉を欲しがっている

ポジティブなワード、ポジティブな精神風土
ポジティブなオーラ

おはよう	こんにちは	さようなら
ありがとう	いいねえ	うれしいなあ
いっしょにやろう	うまくいってるね	えんりょしないで
思いつく限り言ってみようか	さあいこう	いっしょにやってみようか
	何しようか	
どうしたらいいと思う?	どうしたら良かったんだっけ?	何かいいことあった?
何かあったのかな?		教えてくれる?

↑

ネガティブなワード、ネガティブな精神風土、
ネガティブなオーラ、陰なるもの、鬱なるもの

なんで○○したの?	なんで○○しなかったの?	○○してはダメ
○○が問題		それはむずかしい
どうせ	それはムリ	きちっと
きちんと	だって	でも
ほらね	ちゃんと	むり
○○しないと	やっぱり	しかたない
しょうがない	○○しなきゃ	○○(お姉さん、お兄ちゃん)は○○だったのに
	○○くんに比べると	
ため息	めんどう	ちぇっ
ああ〜あ	普通	あたりまえ

けて、ご家庭でも多くなるのかもしれません。

否定語を、なるべく使わないようにして欲しいのです。

普段から、当たりまえの言葉だけで十分なのです。「こんにちは」から始まって、「ありがとう」「うれしいなあ」「教えてくれる?」「今日は良かったね、最近いいことあった?」などでよいのです。

「七つ褒めて、三つ叱る」が支援教育の基本中の基本

入学の面接などで、「最近、一カ月間で良かったことはある?」などと尋ねると、全員が押し黙ってしまって、思いつかない状態になることが、しばしばあります。

ところが、一年後には、けっこう話してくれるのですね。

卒業時には、こちらから聞かなくても、生徒から話してくれるのです。

そうなったら、しめたもので、そのために、発問・発語があるわけですよ。

「今日は何かいいこと、あった?」

「今日は何か、調子良さそうだね」

そういう一言があれば、生徒は前向きになっていけるのですね。

それと、注意したいときには「教えてくれる？」という言い方をするのです。

叱りたいときには、褒めるのです。**叱りたいときほど、褒める。**

昔から、**「七つ褒めて、三つ叱る」**と言いますよね。これは、七つ褒めないと、三つが入っていかない、受け止められないからなのです。

要するに、倍以上褒めることがないと、人間は注意を受けたくないのです。

仮に、三つ褒めて、七つ叱ったら、三つ褒めたことが全部意味をなさなくなりますので、注意してください。叱りたいときは、まず、七つ褒めるのです。

私も職場の中で、気になる先生方に「これは言わなくちゃいけないなあ」と思ったら、もう悩みに悩んで、七つ褒めることを書き出すのです。

どうやって褒めようかと思ってね、まず、褒めにかかるのです。

「先生、最近はすごく評判が良くて、先生のこういう言動が生徒にとても良い影響を与えていますよ」とか、いろいろなことを言います。もう、言葉を尽くして。

「先生は今、パーフェクトなんだけど、先生なら二〇〇%を目指せるので、この三つ、この一週間で注意してもらえませんか？　お願いできませんか？」

と話すのです。

そうしたら、「ハイ、わかりました」と聞いてもらえるのですよ。

また、注意をしたいときは、たとえば、

「お母さんね、あなたに三つ、どうしても言いたいことを思いついたんだけど、聞いてくれる？」

と、言うのです。

「聞くよ」と子どもが答えたら、その後、受け入れてくれるのですが、いきなり話してしまうから、聞くも何も、もうぎくしゃくして、火花が飛び交ってしまう。

「七つ褒めて、三つ叱る」というのは、支援教育の基本中の基本なのです。

意欲は貯蓄でき、それが自己肯定感につながっていく

後は、「意欲の貯蓄」です。

さかなクンについてご紹介しましたが、本人のしたいことをとことんさせる、本人の話したいことを最後まで聞いてあげる。あいづちを打ってあげるということですね。

それが「意欲の貯蓄」になります。意欲は貯蓄できるのですよ。

一〇代の時にどれくらい意欲の貯蓄をしたか。これが実は、人生において貯金と同じぐらい大切なことなのです。なぜなら、意欲は自己肯定感につながるからです。

意欲をどれだけため込めるか、意欲がエネルギーの源なのですね。

その大もとは、本人が好きなこと、得意なことです。好きなことを、得意なことにしてあげましょう。

貯蓄が目減りすると、たとえば、息をつきながら就活して、職場になじんだと思

ったら、変な上司にいじめられて、出社できなくなってしまうとか。そういう大人が、たくさんいます。変な上司がいて、辛い目に遭ったりしても、趣味があったり、趣味の仲間がいたり、自分が打ち込める対象があったりすると救われるのです。

それは、意欲の貯蓄がベースになるのですね。

SNECではIEPの支援項目の中に、余暇活動支援の項目があります。

長い人生、余暇をどう過ごすか、過ごせるかは重要なテーマですが、余暇を過ごせる力が意外や意外、学校でも職場でも家庭でも自らの身を助け、人間関係を豊かにし、円滑にしてくれるものなのです。

SNECで安心してチャレンジを！

思春期以降の支援方針は、前述のように、支援付きの試行錯誤です。

つまり、チャレンジです。

「失敗してもいいじゃない、命まで取られるわけじゃないんだから」

支援のしくみ

発達障害に関する援助と心理的支援

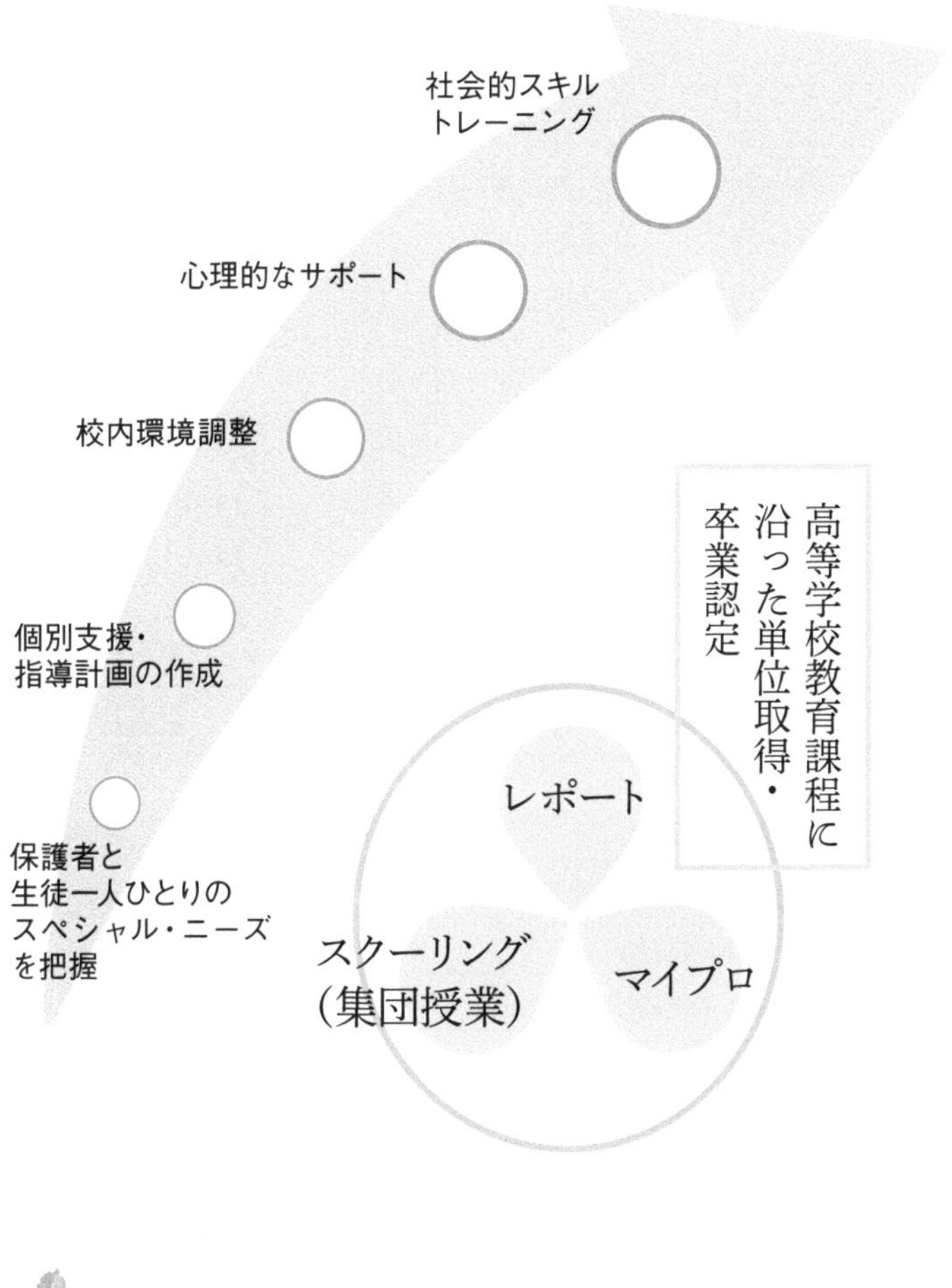

と、さかなクンのお母さんが言っていましたよね。

社会に出る前ですから、多少の失敗は許されます。だから、安心してチャレンジできる環境を、学校はまさに用意してあげないといけない。今の学校は、安心して挑戦できない、安心して失敗できないという現状なのです。

せめて、ＳＮＥＣでは、それができるようにしてあげたいのです。

お母さんもお父さんも、小学校、中学校時代に問題とされたことに、あまり注目しないことです。本人の良いところを伸ばすようにしてあげて欲しい。

逆に小、中学校の先生が着目しなかったことに我々は注目していきたい。そういった点も、支援計画の中に盛り込み、重視していくのです。

教室が、知識や叡智が整然と配給され、あるいは児童・生徒間で交換が行われ、啓発し合い、教師の主導のもと計画的に教育計画が実施される時代から、いまや様相が変わり始めていることをわれわれ学校教育者ははっきりと自覚します。

個別のニーズに寄りそうためには、ＩＣＴと分業化によるチーム体制、それを動かすためのアセスメント、そして個別教育支援計画の存在が不可欠です。

孤独の効用

小さいときから黙々とバレエに打ち込んでいる生徒がいます。一緒に始めたお友達が一人抜けまた一人抜けしていくのに。たった一人で異国の地にバレエ修業へと旅立つ。

中学時代、何かのきっかけで教室に入れなくなり、半日を保健室で過ごすようになり、おうちで絵ばかり描いている生徒がいます。

精密なミニチュアを構想して数週間かけてつくっている生徒がいます。学校は眩しいところ、と表現する生徒がいます。

いろんな人の名前と顔を覚えきれず、出たり入ったり交錯する様子が眩しく目を開けていることすらできないのです。

いずれも中学時代、群れに入ることに興味を持たずに孤独な時間を過ごしている。

本の虫と化していたり、ゲームに没頭し、指先の神経網が異様に発達していたりします。


入学面接で私の目の前には将来の、金の卵たちがごろごろいます。

まさにダイヤの原石です。


東田直樹さんもその一人でした。

私はそのような孤独とうまくつきあえる生徒が大好きです。

インディペンデント・ラーナー。

二〇〇〇年に掲げた学校の標語でした。

自律・自立的学習者、生涯を通して学び続けられる学習者のことです。

多感で感性豊かな一〇代の時期を孤独で過ごせた人には、大人になってからたっぷりのごほうびが待っています。

たとえ今は挫折としか思えなかったとしても。

ずっと以前、「私の履歴書」（『日本経済新聞』）で民俗学者谷川健一氏が書いた、こんな文章を手帳に書き記しています。

独学者は昨日まで橋のたもとでコモをかぶって寝ていて、やおら立ち上がり徒手空拳で闘いをいどみ、自分の力で国を奪い取る戦国時代の野武士に似ている。

奪い取った知識は自分の血となり肉となって躍動する。孤立しているが、世の独創的な発想や研究は自分で学び、自分で考えることからしか生まれない。孤立こそ独学者のかけがえのない栄光の印である。

注目される業績を成す人は多かれ少なかれ人から孤立し、孤独な時を、ろうそくの炎を見ながら格闘する時期を過ごしています。

しかし、そうした時こそが至福の時なのです。

第6章　ヘルプサインとリクエストスキルの重要性

誰も教えてくれなかったから、傘の使い方がわからない

ある生徒の話です。

朝、びしょ濡れになって来る子がいました。

「傘を持ってないの？」

と聞くと、

「持ってない」

と言います。

「使わないの？」

と尋ねると、

「使わないというか、使えないんです……」

との返事。

問い詰めると、

「傘の使い方を、誰も教えてくれなかった」

と言うのです。

特に、折り畳み傘は厄介で、

「しまい方はわからないし、ぐちゃぐちゃになるので使いたくない、誰も教えてくれなかったし……」

という話でした。

それで私は、すぐに折り畳み傘の使い方を教えてあげました。

梅雨時でしたから、翌日からは、ちゃんと持って来られるようになりました。

そういう例が、SNECの生徒には意外と多いのです。

学習でも、ペンの使い方、消しゴムの使い方、定規の使い方、ノートの取り方、教科書の読み方、読み方のコツ、テストへの向かい方、時間をどう配分するか等々、数え上げるとキリがありません。

勉強はできるのだけど、身の周りのことができない。

カバンの中のポケットの使い方、靴の履き方、服の選び方、ハンカチの使い方、手帳の使い方……。その上に人間関係に伴うスキルが必要になってきます。話の切り出し方、受け答えの仕方、意思表示の仕方、スケジュールを調整する時の要領、人に断りを入れる時の言い方等々。これもまたキリがありませんね。

今さら自分の困っていることを言い出せない。あまりにも困っていることが多すぎて、いちいち人に言っていられないという生徒がいます。

自分の困っていることで人を困らせたくない。こんなことも知らないのかと軽蔑されるのが怖い、という生徒もいます。

ですから、基本的なことを一からやり直さないといけないのですが、未成年のこの時期を逃すと、さらに言えなくなるのです。

生徒たちには、会話を野球のキャッチボールにたとえることがあります。どんなこと（ボール）を誰に言うか（投げるか）。受け取った言葉（ボール）を今度は誰にどう言うのか（投げるのか）。

「今、ボールはどこにある？」「今どんなボールを受け取った？」と聞きます。「受け取ったボール、どうしたらいいと思う？」と聞きます。

そうやって、会話を視覚化してあげます。

大人になって、こんな簡単なことを言っちゃ恥ずかしいとか。そう考えるようになると、一人暮らしもできない。職場でもつまずきます。

自分の現状を正しく、知って、訴える。

それは立派なスキルなので、ここから身に付けていく、ということが大切なのですね。

そのために、ＳＮＥＣでは支援員という、福祉系の知見と福祉的な視点からの実践スキルを持つ職員体制を作る発想を持ったのです。

一年経っても、ロッカーの使い方がわからない

発達に課題を持つ生徒に共通した課題として、ヘルプサインとリクエスト（依頼）スキルがあります。

時には、学業よりも優先して求められるものかもしれません。

ずっと以前、明蓬館高等学校を開校した頃のことです。こういうことがありました。有名な私学から、ＳＮＥＣの高校3年次に年度途中で転入してきた生徒の話です。入学して三カ月が経ったある朝、生徒のお母さんから電話がかかってきました。

「うちの子が、ロッカーの使い方がわからないと言って、三カ月間、困っているんですけど、どうして指導をしてくれないんですか？」

入学してから、その子の様子は見ていたのですが、普通に登校していたし、自分の席に座って、じっと固まったままでしたが、勉強はしていました。意気揚々とした雰囲気もあり、時には「ウフッ」と笑ったりしていたので、私たちも安心していたのです。


そこでその生徒のために、日常的によく使う教科書や教材は個人ロッカーにしまい、しばらく使わないものは自宅に持ち帰るように説明した図解入りの説明書を作りました。

その後も、その生徒には口頭だけでなく図解の資料、写真を添えた説明資料をさまざまな場面で用意するようにしました。

どの先生が何を担当していて、どんな相談に乗ってくれるか、資料を作りました。また支援員にどう頼んだらいいか、口頭ではなく、動作や手渡しのメッセージで渡せるコミュニケーション手段を用意していきました。

半年くらい経った頃でしょうか。本人もお母さんもようやく安心して学べる環境が手に入ったと喜ばれました。

場面緘黙症の子どもには、ヘルプサインと訴える力が必要

こういう例もあります。

その生徒は、中学1年生まで優等生でした。

中学受験で、中高一貫の有名校に入学したものの、中学2年になってから、発達の課題が現れ、対人関係がうまくいかなくなってきたのです。周囲からはじかれる傾向が強まり、先生からも問題児扱いをされてしまいました。

自宅に帰っても、注意や小言を含め、先生からの申し送りを親御さんがそのまま本人に伝えてしまうので、周囲からの圧迫刺激といいますか、ネガティブフィードバックにさらされてしまったわけです。

つまり、得意じゃないことばかりを指摘され、注意され、自分が得意なこと、好きなことは聞いてもらえない。ましてや、褒めてももらえない、苦手なことを強要される。

そうした結果、場面緘黙症になっていきました。

誰とも話せなくなり、唯一、お母さんとはやっと話せる状態で、それが中学3年まで続きました。

高校1年から高校2年になると、一斉授業にはついていけず、個別・個室で授業を受けていました。たまたま理解のある先生だったため、試験も個室受験ができたのですが、いよいよ友達が一人もいなくなり、四月にSNECに入学したというわけです。

ちなみに、勉強に関しては、理数科は大変得意です。ですが、国語は、問題の前に立ちすくんだままで解くことができません。

支援員は、彼が落ち着いてコミュニケーションを取れるまで、筆談を通して意思疎通を図っていきました。

選択肢を提示する方法で、本人が意思表示をしやすくなるように、面談の前には進行台本を綿密に作るようにしました。

生徒自身の自己選択感、自己決定感を育むための方策を一通り行いました。

・本人に大まかな意思表示をしてもらう
・期限を提示し、それまでに学習を終えなければならないことを納得してもらう
・対面指導の際には、時として「今日はここまで済ませようね！」と断定口調で言ってみる
・言葉でなく、動作、少しだけ触れる感覚で合図や指示を与える
・イントラバーバル（昔むかし、と問いかけると、おじいさんとおばあさんが、と答えるように、連想式でコミュニケーションが取れるような約束事を常習して望

ましい習慣へと向かわせる）

・支援員から指示や要請や要望を出すことを少なくしていき、マンド（要求言語）は生徒本人から言わせるようにしていく

・停滞して学習が進まないときは、「つぶやきプロンプト」を用い、次はどうするんだっけ？　から始まり、生徒がそれをヒントに考え、行動を決定できるようにしていく

等々です。

あきらめずにそんな接し方をしていくと、ヘルプサインとリクエストスキルは身についていきます。

高校生の年代で何もそんなことしなくても、と言っている場合ではありません。今この時に、人との間で一対一のコミュニケーション・キャッチボールをしておかないと、後のつまずきの衝撃は大きくなってしまうのです。

自己選択感、自己決定感を育むために

1	Let's（～しよう）形
2	断定（～します）
3	非言語（肩をトントン）
4	イントラバーバル（昔々→あるところに）
5	マンド（要求言語）を引き出す（～して欲しい）
6	つぶやきプロンプト（次はどうするんだっけ？）

SNECは、教員・支援員・相談員の三位一体

SNECの指導の特徴は、教員を真ん中に挟んで、支援員と相談員の三者体制をとっていることです。

教員というのは、教えるのが好きな、得意な人たちです。「勉強を教えて」と近づいてくる生徒がいると、もうニコニコして、嬉しくてしょうがない。「来たか、来たか」と、そういう人が多い。ですから、勉強したいのか、したくないのかよくわからない生徒が最も苦手です。

教員は、大学で教職課程を学び、当然のごとく、カリキュラムが頭の中に入っているので、「こんなに面白い教科書があるのに、なぜ勉強しないんだろう?」と、勉強しない生徒に対して、歯がゆい感じを持つことがあります。

なので、私はこの人たちのことを「口族」と呼んでいます。反発を覚悟して言います。口を使うのが得意なのですが、そのぶん、耳があまり得意じゃない。学習以外の

生活スキル、対人関係スキルなどへの興味、関心が薄い人や人の話を聞けない人が、比較的多いかもしれません。

そこで、生徒の話をよく聞く役目として、支援員を置きました。

支援員には、福祉系の知識とスキルが必要です。「発達障害とは何か」を知った人でないと、支援員として、採用しないのです。

この人たちは、絶えず生徒に付き添って、「今日は何しようか、何か困っていることある？」と、ヘルプサインとリクエストスキルをどんどん引き出してくれています。

三番目の相談員は、主に臨床心理士、公認心理師です。

心理相談のカウンセリングができる人です。

相談員は親御さんの面談と相談、支援とカウンセリングをすると同時に、生徒自身の相談、支援、カウンセリングを行っています。また、個別教育支援計画の取りまとめをし、文責を担う役目があります。

確かに、三人いると頼もしい。誰かに相談できるのですね。

教員に話してくれないことでも、他の誰かに話をしてくれるのです。

たとえば、遅刻を繰り返す生徒が教員にかかると、「すぐに指導しなければいけない、指導イコール注意をすることだ」となる。そういう勘違いする教員が、世の中にはいっぱいいて、すぐに注意をしたがるのです。

支援員が先に相対すると、「何でやったの?」と聞き、二言目にも「何で?」と尋ねるのです。ですから、支援員のことを私は「何で族」と呼んでいます。

三人目の相談員はというと、「何かあったの?」とさりげなく聞きます。

その時は、ゾクゾクとします(笑)。

何かあるぞ、深掘りしようと、捜査員のように分析したりします。なので、相談員のことを「何かあるぞ族」と呼んでいます。

ちなみに遅刻した要因を探り出すと、出るわ出るわ、いろいろな話が出てきます。

「家の中が荒れていて、お父さん、お母さんがいつも喧嘩している」

「出掛けようとすると、必ず親が何か言い出して、出掛けにくくなってしまう」

「登下校に子猫を見つけて餌をやっている」

「気になるおじさんがいて、ずっと観察していたら、駅を乗り過ごしてしまった」

こんな具合に、遅刻の原因が一〇個も、二〇個も出てきます。

そうした原因を探るのが、相談員の仕事です。どこに着目して、どこに手立てを打ったらどうなるか、という作戦を練る人ですね。作戦参謀です。

私は、三者の中でも、この相談員をとても当てにしていて、教室の一番の主役は相談員だと思っています。彼らは、生徒に何か起こった時の原因分析を、深い部分からしてくれています。


教員にかかると、「遅刻した生徒はダメ、遅刻しない生徒は良い、時間通りに動ける生徒は正しく評価する」と、それだけになってしまう。

でも、そうじゃない。世の中、そういうものではありません。

遅刻を繰り返していても、凄い仕事をする人は世の中にたくさんいます。会社の業績に貢献する人もいます。

多様な価値軸、物差しで観ていかないといけないのです。

私はこの三者体制がどうして学校でできないのか、不思議でしょうがありません。

もし小・中学校のクラスで、三人の職員による体制があれば、子どもたちは本当に救われるでしょう。こういう先生方がいると、本当にいいと思います。

三年あれば変われる、変えてみたい、変えてみせたい！

現在、ＳＮＥＣが全国に生まれつつあります。

私どもによる直営のＳＮＥＣが、東京・品川、東京・国立と横浜・関内、湘南厚木、福岡・博多にあります。これ以外にも、全国主要都市に、パートナーと共同で運営するＳＮＥＣができています。これは広域通信制高校の中のサポート校という、連携形態です。通信制高校本体の苦手とするきめ細かい通学・通所による対面指導、対面補習に加え、支援と伴走をパートナーにお願いして協業しながら生徒と保護者をサポートしていくのです。

支援と伴走のうまい人
（＝学校の教員が最も苦手なこと）

1	**「勝ち」「負け」にこだわらない** 自分の意見が否定されようとも、自分が否定されたわけではないと考えられる 〜そういう見方もあるよね それはいいねえ それは気付きませんでした
2	**「事実」に基づこうとする力** ファクツ エビデンス 仮説、仮説に基づいた結論、犯人探しを否定
3	**「あるべき論」を振りかざさない**
4	**「最終ゴール」を忘れない**
5	**「最終ゴール」に到達するための努力を惜しまない**

パートナーの事業者さんも、長年、様々な福祉事業を営んでおられて、就労の現場をお持ちなので、将来の進路に対しても、明るい展望が持てます。そういう団体と一緒にやっています。

私たちは、発達の課題を持つ子どもたちに対し、高校生活における貴重な一年、二年、三年間を過ごせる場所を提供したいと思います。

ここで人生が変わる、変えられる、という場所。

それまでいろいろなことがあったにせよ、三年あれば、変わる可能性は十分にあります。

私たちが、「変えてみたい」「変えてみせたい」のです。

支援と伴走がうまい人とは、前ページの図表にあるような人です。

作家の幸田文の書いた一文に出会った時、これぞ教育と支援と伴走に携わる者が抱くべき極意だと思いました。

味わい深い名文です。

心の中にはものの種がぎっしりと詰まっていると、私は思っているのである。一生芽をださず、存在すら感じられないほどひっそりとしている種もあろう。思いがけない時、ぴょこんと発芽してくるものもあり、だらだら急の発芽もあり、無意識のうちに祖父母の性格から受継ぐ種も、若い日に読んだ書物からもらった種も、あるいはまた人間だれでもの持つ、善悪喜怒の種もあり、一本一草、鳥けものからもらう種もあって、心の中は知る知らぬの種が一杯に満ちている、と私は思う。何の種がいつ芽になるか、どう育つかの筋道は知らないが、ものの種が芽に起きあがる時の力は、土も押し破るほど強い。（幸田文「崩れ」）

人間の中には、支配欲と操縦欲が潜んでいます。特に大人です。親の中にあります。教師の中に潜んでいます。

子どもたちに「こうしてほしい」「こうなってほしい」という願望に基づいて、大人が運転する車の助手席や後部座席に乗せたまま走って行くのです。

苦手なことを強要し、飲ませる。

子どもたちの話を最後まで聞かない。

子どもたちが褒めてほしいタイミングを逃し、むしろ叱ってしまう。

好きなことを認めようとしない。

友人関係に必要以上に介入する。


人生は、いくつかの用意された選択肢の中で、子どもたち自身が選び、決定するものです。その態度の中で責任感、責務感が宿っていくと言われます。

多様な専門家が参画して、チームで支え、個別支援を手掛けているのがＳＮＥＣです。

支援員は支援と伴走の実行役です。相談員は心理と発達のプロフェッショナルとして傾聴し、承認をし、計画作りの情報収集と分析をし、個別教育支援計画を取りまとめます。

教員の先生は、生徒の学習面を見守り、興味関心をもとに学習テーマに承認を与え、教科・科目ごとの応用化、定着化を図る役割を持っています。

支援の目標は関係する大人の間で合意したものでなければなりません。その目標達成のために、どの大人が何をするのか、明らかにしていきます。

大事なのは、どの芽がいつ頃どんなタイミングで顔を出すのか、見守る姿勢です。いざその胎動が始まるタイミングを見逃さず、その動きを共有し、子どもたち本人が自己選択し、自己決定できるよう環境調整をします。

そのための連携をします。

子どもたち自身の中に、支援と伴走をしてくれる大人たちが自分自身の選択と決定に信頼の念を抱いてくれている、というラポール（絶対的な信頼関係）の感覚があれば、自尊感情も自他ともに望ましいものになっていきます。

発芽の一瞬を、息を飲むようにして見つめる時が、最初の感動の時です。

その後はもちろん、水と肥料を適切に提供していくのです。たくさんの支援者、依存対象のあることが、子どもたちが人生を渡っていく時の支えになります。

この先の人生に自らが責任を持てるようにしていく。

大人たちが作った羅針盤を、今度は子どもたちが大人になるにつれ、自分自身で作れるようになるのです。

自分を取り巻く大人たちの立ち居振る舞いが、愛情と信頼の証であるということがずうっと後でわかるのです。

あとがき

障害を持つ生徒にとって良い学校は、そうでない生徒にとっても良い学校である。
非定型発達の生徒にとって良い学校とは、平均的な定型発達の生徒にとっても良い学校である。

そう信じて、学校経営をしていくとある真髄に出会うことがあります。それは、世の中は必要性に気づいた人を中心に動く、というものです。

歴史は過去の延長線上に、ただだらだらと連なっていくものではなく、誰かが「あること」に気づき、路線を変えたり、違うものを生み出したりすることにより、動き出すものなのです。

エレベーターの中に鏡を見かけることがあると思います。あの鏡は何のためにあるのでしょう。

それは、もともとは車椅子を使う人のためにつけられたものです。

正面からエレベーターに乗ると、降りる時に後ろ向きになるのですが、その時に手掛かりになるのが鏡なのです。でも、それ以外の人にとっても、あの鏡があることによって、自分の姿を映したり、他人の姿を見ることによる安心感が生まれるのではないでしょうか。

ほかにも、ストローは、手の不自由な人のために作られたもの。ライターもまた、片手で火がつけられることを欲した人によって、誕生したと言われます。

私は、若き日、ICT業界に長らくいた人間です。そこで見た光景、接してきた人たちは、自分たちの欲しいこと、欲しいものを常に主張する様子を示していました。

スペシャルニーズを持つ生徒に焦点をあて、その生徒が満足と達成感を感じるサービスをつくれれば、それはやがて多数のニーズを捉えるものになる。そんな思いから出発した明蓬館高等学校。そしてSNEC（スペシャルニーズ・エデュケーションセンター）。

大多数のニーズからビッグアイデア、革新的なサービスが生まれたことは少なく、それらの多くは、ある少数派の、突端的なニーズに端を発しています。

歴史が雄弁に物語っています。

今や障害から無縁の人はおりません。年老いて、身体や心の機能が低下し、若い頃のようにはいかないことが増えてきます。足腰が弱り、目は見えにくくなり、耳も聞こえなくなったりします。膝を痛めたりします。心も折れやすくなり、認知症を患ったりします。生活に支障が出てきます。

世はインクルーシブ社会（多様性を認め合う社会）に突入しました。学校にいる間に、予行演習、当事者発想・スキル体験をすることが後々のためになります。社会は困っている人から進化します。先に困る人は、後から困る人の良き教師なのです。

前例にとらわれない柔軟な感性、敏感な感受性、違和や疑問を唱える姿勢から、われわれ学校教職員は多くのヒントを得ています。

日々確実に改善、改良を行い、やがてブレイクスルーをしていく。これからも営々とそんな日々を過ごしていきたいと思います。

日野公三

二〇二三年三月

保護者の皆様へ

明蓬館高校SNEC（すねっく）には小学校から不登校だった生徒がいます。われわれ大人とのコミュニケーション・キャッチボールではなんなくやりとりできるばかりか、うまくおしゃべりもでき、こちらの意図もうまく汲み取り、楽しい会話ができる生徒もいます。

学童やボーイスカウト活動では年代の違う人とうまくやりとりしていた生徒も少なくありません。

問題の本質は、「同年齢」です。

人と比べたがる同年齢の威圧、強迫です。

小さな事柄に優越感を感じることで、心の平衡を何とか保っているのが思春期なのです。思春期ホルモンと成長ホルモンが、脳の中で暴走をしている年代ゆえの難しさもあります。

会話のすべがわからない、という生徒がいます。他の生徒の話に共感を覚えられない、自分の言葉も相手に伝わっていかない、という生徒がいます。女子生徒の中にも、私がうまくやれないのは同年齢の女子です、と言い切る生徒がいます。

生徒たちは、教室の中の集団に参加できないからといって、悲観する必要なんて何もありません。

自分を責める必要は何もありません。

そんなことには、あまり価値を見出さなくてよいのです。

悩むに値しないことです。

たいしたことではありません。

同年齢が同じ空間で過ごし、集団で行動することは生涯の中でいっときのことです。

今だけです。

社会に出てしまえば、異年齢のコミュニティだらけです。

学齢期を抜け出してしまえば、青空が見えてきます。

自分がニーズを感じる集団を自分で選択する。もしくは構想し、構築すればよいのです。

同志と言える人を、たった一人見つければよいのです。

多くの大人たちは、そのたった一人が見つからなくて困っているのですから。

お母様たちよ

お母様たちよ。

泣くなかれ。

悲しむなかれ。

黙りこくなかれ。

振り返るなかれ。


連日、明蓬館SNECへの期待や関心から、電話やメールをたくさん頂戴します。

切羽詰まった深刻な内容に、私もまたついつい身構えてしまうというのか、身繕いをし、背筋をシャンと伸ばして向かい合うことが求められます。

子どもの発達の特性に直面し、直視に至るまでの苦しみ。

周囲との折り合いに精根尽き果てるような体験。

いつも頭を下げるばかりの連続。

発達障害という言葉の響きに驚き、知ることよりも無関心、拒絶を決め込む大多数の人たちに囲まれ、孤立感を深める親たち。とりわけ母親。

誰からも理解されず、次々に試練がおそってくる。


相談される保護者の、母親の孤独感、父親の呆然とした面持ちに接した時には、脳細胞を総動員します。

知りうる限りのコーチングの発問を数十種類吟味し、選りすぐりの発問を紡ぎ出すようにしています。


果たして、問題解決を急ぐ内容か。

問題意識の理解・共有と癒しを求める内容か。

すでに選択肢が浮かんでいる状態か。

それを探ります。

さらに聞き取りをします。

これまでの小学校、中学校、現在学籍を置く高校でどんな対話があったのか、問答があったのか、あるいはなかったのか。

推察します。


一般論のありふれた返答や面談。

共感はおろか、問題意識の理解・共有さえもなされない面談や、相談支援とはとうてい言えない経験を積み重ねて、絶望の境地に至っているケース。

われわれ学校の教員たちの中にも利他愛を修得する間もなく、スキルを身につける謙虚さを失った者がいます。

パワハラに近い上から目線の指導や助言に、選択肢を奪われ続けた親たちに相対すると、聖徳太子らしき人が唱えた、一四の心で聴く、まさに〈聴く〉ことを今真剣に行っている、慄然とした気分になります。

人に相談することに疲れ果てた母親の役に立つ。

明蓬館ＳＮＥＣの支援と伴走の対象は、生徒であり、母親、そしてその他の家族です。

クレド（われらの信条）にもそう文面化し、全教職員と心に記しました。

ファーストの先には生徒がいます。

その次のファーストは保護者、とりわけ母親です。

我々の仕事は入学に遠い数年前から始まっています。

最近では小学校高学年の子どもたちの心理検査依頼、ＳＮＥＣ見学が増えています。

高校の進路にＳＮＥＣという道筋が見えただけで、親子ともに心に余裕ができた、という声に接すると、ＳＮＥＣを生み、創り、丁寧に心を込めて育んできて良かったと思います。

お母様たちよ。
泣くなかれ。
悲しむなかれ。
黙りこくるなかれ。
振り返るなかれ。
絶望の中に希望の光をあきらめるなかれ。
無関心の人や一般論の助言をする人に近づくなかれ。
そして自らの生命の力をどこまでも信じて。
神に選ばれ、試練を与えられた〝選ばれし人〟であると昂然と顔を上げて欲しい。

日野公三（ひの・こうぞう）

明蓬館高等学校校長兼アットマーク国際高等学校理事長。1959年愛媛県生まれ。岡山大学法文学部卒業後、株式会社リクルート、神奈川県の第三セクター取締役などを経て、2000年東京インターハイスクール、2004年アットマーク国際高等学校を創立、理事長・校長に就任。自閉症作家として活躍する東田直樹氏、啓蒙活動家である南雲明彦氏を受け入れて以来、大きな使命感を持ち、2009年明蓬館高等学校を創立、理事長に就任。2012年校長に就任。2013年、念願のSNEC（すねっく、スペシャルニーズ・エデュケーションセンター）を品川・御殿山に設立。高校段階では例のない、特別支援教育と才能開発センターとして注目を集め、全国主要都市にSNECを開設している。日本ペンクラブ会員。

改訂新版

発達障害の子どもたちの進路と多様な可能性

「学びづらい」「学びにくい」中学生・高校生の未来を考える

2023年4月22日　第1版第1刷発行

著　者　日野公三
発行所　WAVE出版
〒102-0074　東京都千代田区九段南3-9-12
TEL 03-3261-3713　FAX 03-3261-3823
振替　00100-7-366376
E-mail info@wave-publishers.co.jp
http://www.wave-publishers.co.jp
印刷・製本　株式会社マツモト

NDC378 175p 19cm
ISBN978-4-86621-460-3 C0037